口述

中研院
近代史研究所
口述历史系列

白瑜先生访问纪录

访问：郭廷以 张朋园
纪录：马天纲 陈三井

九州出版社 JIUZHOUPRESS | 全国百佳图书出版单位

图书在版编目（CIP）数据

白瑜先生访问纪录 / 郭廷以，张朋园访问；马天纲，陈三井纪录. -- 北京：九州出版社，2012.3
（中研院近代史研究所口述历史系列）
ISBN 978-7-5108-1349-8

Ⅰ. ①白… Ⅱ. ①郭… ②张… ③马… ④陈… Ⅲ. ①白瑜（1898～1989）—生平事迹 Ⅳ. ①K827.7

中国版本图书馆CIP数据核字(2011)第277322号

白瑜先生访问纪录

作　　者	郭廷以　张朋园 访问　马天纲　陈三井 纪录
出版发行	九州出版社
出 版 人	徐尚定
地　　址	北京市西城区阜外大街甲 35 号 (100037)
发行电话	(010)68992190/2/3/5/6
网　　址	www.jiuzhoupress.com
电子信箱	jiuzhou@jiuzhoupress.com
印　　刷	三河市东方印刷有限公司
开　　本	680 毫米 ×970 毫米　16 开
印　　张	12.5
字　　数	122 千字
版　　次	2012 年 3 月第 1 版
印　　次	2012 年 3 月第 1 次印刷
书　　号	ISBN 978-7-5108-1349-8
定　　价	30.00 元

出版说明

台湾中研院近代史所，从建所至今，几十年来共采写和出版了二百余种“口述历史”。近代史所的学者制定了严格的口述史操作规范，并进行采访和撰写，使类似史料层面的“回忆录”和“纪实”，上升为可供专业人员研究的“口述历史”。他们的访问对象涉及当代军事、政治、经济、文化等各方面的重要人士，请其自述生平，为现代史研究留下了一系列珍贵的口述记录。

九州出版社“中研院近代史研究所口述历史系列”，是上述二百余种“口述历史”的精选集，也是海峡两岸出版交流中心的重点引进出版项目。本系列以简体字出版，对原书注文体例和文字错误进行了必要的订正。原版本的丛书弁言和前言，介绍了该丛书的缘起、价值和意义等情况，简体版将其主要内容附于书前。

该书访谈对象的某些政治立场、观点和看法，我们并不认同，但为了保留史料，便于参考研究，在编辑过程中，我们对文中对我党我军的诬蔑性语句和称谓进行了中性处理，内容仍保留原貌；个别之处，有所节略；对于文中一九四九年十月一日以后使用的“民国”纪年，改为公元纪年；对于文中一九四九年十月一日以后的台湾当局及相关机构、职务等，加以引号。本系列图书供近现代史专业读者参考使用，望读者在阅读时注意辨析书中的一些内容。

九州出版社

2011 年 6 月

弁　言

口述历史访问计划，中研院近代史研究所在筹备时期，即由筹备主任（嗣任首任所长）郭廷以拟订进行，其目的在访问当代军事、政治、外交、文教、经济、社会等各方面的重要人物，请其自述生平，为现代史保留忠实而深入的纪录，以备历史学者之研究。自一九五九年十月起迄一九七二年九月止，参加访问工作者先后有沈云龙、王聿均等二十二人，接受访问者七十余人，成稿六十六份，约四百八十万言。

口述历史资料，其重要性不亚于文献档案。民国以还，内乱外患交迭相乘，史料损失，不可胜计。对历史真相的了解，需要参证当事人口述之处甚多，这些笔录，对中国现代史的研究将有莫大的帮助。本所于一九八二年开始征得应访者（或其家属）同意，陆续刊印访问纪录，列为口述历史丛书。一九八四年春在所长吕实强推动下，成立口述历史组，恢复访问工作。

本所访问人员力求应访者尽情畅谈，所成笔录文稿保留口述原意，不予刻意修饰。初稿送应访者校订后视为定稿。唯应访者记忆难免有所疏误，或有涉及价值判断、个人恩怨、政治立场，而纪录或有语意不清，印刷或有手民误植，尚祈读者赐函指正。

中研院近代史研究所口述历史组　谨识

一九八六年元月

前　言

白瑜先生，字上之，湖南华容县人，生于光绪二十四年（1898）农历正月十五日。八岁丧母，赖其外祖姑张秀清女士抚育。其外祖姑终生未嫁，平日吃斋礼佛，言教辅以身教，晚年邑人曾以“秀老仙君”尊称其贤，大恩至今犹为先生所常怀念！先生父亲谨言公，早年在外追随康梁从事维新活动，及失败返里后，乃创办县立第一初等小学，所聘教席维新人物与革命派兼而有之，俨然一推翻清政机关也。

先生幼读私塾，及县立高等小学毕业后，于民国四年秋考入湖南省立第一师范就读，与蔡和森（林彬）、萧瑜（子升）、毛泽东（润之）先后有同窗之谊。民国八年五四运动发生，湖南学生群起响应，参加驱逐张敬尧之罢学运动。

民国九年，先生加入国民党，十年夏赴新加坡，从事党务工作，后因殖民政府兴大狱，遂遭驱逐出境。十三年春，由星马返国，曾肄业国立南京东南大学一年。十四年秋，入广州黄埔军校本部校长办公厅秘书室任上尉编纂课员，为蒋校长整理讲演文稿。

民国十四年秋末，先生带职考取莫斯科中山大学留俄，十五年十月成行，在校中恒与中共同学辩论。十六年七月返国，适值“清共”与蒋中正先生下野，故备受冷遇。北伐后，任中央军校政治教官。廿三年七月公费出国，先后于伦敦政经学院与美国密西根大学进修，得暇并赴德、法等国考察，廿五年返国。廿七年七月，三民主义青年团成立，担任经济处副处长，草拟各项工作计划，以促进国民经济建设。未几，经济处裁撤，改任经济部专门委员。廿八年春，中央训练团成立于重庆，任课务组组长。在大陆时，曾先后兼任吴淞中国公学、国立上海商学院、国立暨南大学及国立中央大学教授。

民国三十七年，当选立法委员。来台后，“立法院”讨论“耕者有其田案”，因提出“农业企业化”之主张而引发轩然大波。1959 年，政治大学在台复校，出任国贸系教授兼系主任。1965 年任期届满，仍为专任教授，其间并曾兼任东吴大学教授。1973 年荣退，改聘为兼任教授，授“货币银行学”等课程。公余之暇，先生著述甚勤，先后于《企业与管理》、《自由中国》、《民主评论》、《中华杂志》等刊物，发表有关经济发展之论文约廿篇，其后复于《传记文学》及其他杂志刊载回忆录式之文稿亦达二十余篇。晚年移居美国。

先生自1962年12月15日起至1963年6月5日止，先后接受本所访问三次。访问工作由郭廷以所长、张朋园先生先后主持，马天纲、陈三井两人记录，初稿由天纲兄整理。本年初，本所口述历史小组决定刊印此一访问纪录，嘱三井重阅一遍，亦顺便作若干修正与补充。其发表于《传记文学》之文，亦征得刘绍唐社长之同意，选择其与访问内容相关者附刊于后，俾收相互参酌之效也。

本访问纪录付梓前后，承官曼莉小姐复印资料，校勘原稿，并编制目录及索引，费神良多，李慧玲小姐亦协助校稿，特此一并致谢！

陈三井谨识

1987年3月1日

被访问者的话

承张所长玉法先生出版对我的访问稿，并嘱写自传与自序各一，因我生不立传，死不讣告，只好三不像地略述如左以代。

我别字上之，清光绪廿四年（1898）生于湖南华容县，八岁丧母，由外祖姑张秀清女士抚幼。她绣佛礼斋，终身未嫁，且系通儒，秉四维八德以教人。晚年邑人以“秀老仙君”尊称其贤。我平生每读李密《陈情表》与归有光《先妣事略》辄泣。

先父谨言公早年在外追随维新运动，失败后，清末返里，创办县立第一初等小学。所聘教席不分维新或革命分子，实际是一推翻满清机构。国文教科书是《论说入门》，以起、承、转、合四段论法，代替八股文章。我初以算术冠群，五四运动以前，所受庭训，以科学救国为先。五四后参加政治活动，民九加入国民党，先君亦未反对，但以“联俄容共”为不然。他们青年时期，曾参加反俄运动。我往苏俄求学，先父曾加阻止；而且常言俄罗斯终久是中国的大敌。

北伐初定，先父赶到南京，辟面训告：“切不可以为‘共和’

已经建立，那是百年大计。尔亦不可从政，以教书为主，至多可兼国会议员，中国官场，积习太深，毁人最易。”十九年春再来南京，更坚持其说，临去又再三叮咛，噙泪而别。

我的同辈这一代，五九国耻、五四运动，逼得热血沸腾，不能自已。爱国途径，急欲开始行动，正走途无路。适有苏俄革命，部分为其所诱，另一部分奋起反对。双方都有组织，斗争剧烈，北伐前后，牺牲很大，均为国家精英，这是时代大劫。

我们在莫斯科中山大学与中共同学辩论，本乎孔孟仁爱以及周秦诸子之说。固然只有零碎的概念，而与现在台大邬昆如教授所著《中国政治哲学》有系统的叙述大意相同。如今邓小平也有此认识。我自俄返国，曾致力于国民经济建设运动，教书以财政、金融为主课。认为开发经济，必先整饬金融，稳定财政，并主张农业企业化。邓小平现在也有此认识，但其政治无法现代化。全盘西化与保持国故，这是百年来争论未休的老问题。

现在政治改革激荡，青年人初入社会，必须剑胆琴心，认清前途。尤宜操持志节，做事与做人均得并重。我平生叨有许多名家的教诲，幸无殒越。不料得见江南的“某某人传”有云：“桂籍立委白瑜曾参加李宗仁副总统竞选活动”等语。最近又有自翊民主者某君，另出一书，转抄江南的错误，且将“桂籍”二字删去，使我含冤莫申。好在我与李宗仁素无来往，曾为李之亲信立委韦永成与秘书黄雪村两兄，均在台湾，可为证明，以释我冤。特借此一例，亦可知反集权与张民主，均非易事。当今世界名家，不乏认为民主自由的转变过程，还须有天赋大任、众望所归型的人物（Charisma）领导，推动民间的共识，庶几有成。旨哉斯言！

白瑜　谨识

1987年4月2日

于美国新泽西州

目　录

一、毛泽东的中学时代

毛泽东的幼年，凡萧瑜书中谈过的[①]，我都避免重复，我着重在萧瑜没有谈及的。萧瑜在民国四年冬天，毕业于湖南省立第一师范，我是夏天进入该校，与萧实际只同学半年。萧高毛泽东二年，毛高我二年，我与毛同学三年。萧在《毛泽东与我》一书中说，新民学会成立于民国四年，恐有问题[②]。据多数人所知应该成立于民国八年。还有第一师范不是College，只是中等师范，只有高等师范，才是专科学校。萧称杨昌济老师为教授，应是借用杨在北大的头衔。其余萧瑜所说的事实皆真。唯我觉得，湖南地处古称“南蛮之邦”，对于传统文化的抵抗力不及黄河流域之强，加以地接广州，水道直达上海，对于西方文化的东渐，易于接受，可以产生新生力量。如以人为代表，曾、

① 三井按：萧瑜（1894—1976）字子升，湘乡人，著有《Mao Tse-Tung and I Were Beggars》（Syracuse University Press，1959）一书，坊间中文节译本为《毛泽东与我》（源成文化图书供应社，1976年9月）。

② 三井按：根据晚近资料，新民学会，似以成立于1918年4月14日一说较为可信。参阅陈三井，新民学会之成立及其在法活动（中研院近代史研究所集刊，第十三期，1984年6月）。

左以后，应当是揭橥维新、革命、政党政治的谭嗣同、宋教仁乃至大英雄黄兴、蔡锷这种典型。庶不辜负衡岳洞庭之钟灵毓秀。

毛泽东(润之)十六岁时,进入湖南湘乡县立东山高等小学。读了一年，辛亥革命爆发，投考湖南学生军，未考取，至武汉也未考取。当时,毛的国文程度很好,若是取录,不会流浪二年,将是另外一个人[①]。

民国二年,毛泽东考入湖南省立第四师范[②],生活才安定下来。后来第四师范并入第一师范，其间有几件事对毛的思想影响很大。

二、汤芗铭捕杀国民党人士对毛的影响

民国二年汤芗铭入湘，捉杀国民党党员。第一师范校长孔昭绶（竞存）先生是留日同盟会会员，某日汤派人逮捕他。学

① 民国成立以后,学生军保送入大学的很多,像现在“立委”赵连芳博士即是一人。

② 湖南共有四所省立师范。民二年汤芗铭入湘不久,将第四师范合并于第一师范。

校的先生学生都劝孔逃走，孔不肯。大家无法，只好拖他入油印室，化装为油印工人，才躲过了。毛亲见这件事，以为有人格、有学问的人犹受军阀之凌辱。从此种下了他很深的革命意念。

民国五年春夏秋之交，他同级同学黄强（湘西人）原是革命党人。汤芗铭派便衣人员伪装访客来学校捉他。学校的门禁很严，询找学生须经门房通报。门房很机警，告诉黄强此次来访的人与以往的不同，劝他不要接见。黄强不以为然。众人见此，跟随他出去，一至前厅，来人想将黄强架走，黄因幼时练过武艺，加以众人从中阻挡，遂得脱身。毛当时也在场，见军阀如此无法无天，更是觉得非革命不足以推翻军阀。

三、毛泽东的中学教育

毛泽东的教育与易培基先生的关系很少，而受教于袁仲谦先生（字吉六，同学称袁大胡子）很多。袁原是第四师范的教员，随合并到了第一师范。袁教八、九、十三班的国文，偏重周秦诸子学说；易教六、七两班，偏重说文训诂，也教过我班的文字源流。毛受袁之教导，所以对古代各家思想能见其大概。对于王船山的学说，尤具研究。毛因国文好[①]，很得袁之器重。毛至二年级时[②]，杨昌济先生[③]因北京大学闹学潮回到湖南参加筹备湖南大学[④]。此时，第一师范的校长正是孔昭绶[⑤]，孔对学生们的学业与气质均期望甚高，凡是有名的专家回省都不惜重金礼聘，要求很严，不准缺课（但品德欠佳者不请，例如经学专家叶德辉，要求教书，即遭拒绝）。杨于是也到第一师范执教。杨教的课是心理学、逻辑概论、哲学概论，而教授法又是英国式的，班上除了毛之外，没有人听得懂。杨于是将他带回家中教导。杨有女儿开慧，有大家风范，可惜染有肺疾，杨有意选毛为东床，毛更倾向于杨。

---

① 孔昭绶做校长，每年举行一次国文会考，毛自中年级起每年获第一名。民国五年洪宪失败后，孔先生重长第一师范，我在校所见的历任校长以他为最足敬畏。他生活俭朴，治事认真，第一师范淳朴、方正而好学的优良校风，是他一手培成。易培基等人入长该校后，校风全毁。孔先生民国廿一年任考试院参事时，我往见，他为之长叹不已！

② 学校共分五个年级。

③ 杨是英、德两国留学生，字怀中，别署板仓老人。著作甚多。遗稿尤丰。杨先生与余叔岳丈任凯南先生为好友，且为留日留美同学，任先生极重视杨先生遗稿，曾数次语我。

④ 以岳麓书院高等师范为基础。

⑤ 汤芗铭入湘之前，刘人熙先生（后曾任湖南都督）以七十高龄，孔亦邀到第一师范每周教修身两小时。讲到“临财毋苟得，临难毋苟免”要学生三复朗诵。并说当尔等将来到此关头，想到我这白胡子，叫你们三复斯言曾即得。以后传为美谈。

四、毛泽东到了北京

民国七年毛泽东毕业，这时萧瑜已经在中学教国文，杨昌济也回到北大。毛借其表兄王季范之助与萧同赴北京（毛进小学中学皆由王帮助）。因杨之介绍而认识了蔡元培、李石曾、吴稚晖等人，后来萧加入留法勤工俭学班赴法，毛因筹不出数百银元的路费未能成行。毛在北京，开始时依赖杨昌济为生，后来因杨之关系进入北大图书馆做事，李大钊是北大图书馆的馆长。他的工作，是早晚收拾图书馆，月薪十二银元。杨昌济不愿他长期在图书馆工作，要他考北大，毛的国文虽然好，究竟其他课目不行，未能参加入学考试，旁听也听得不耐烦。只好在图书馆中借些书自修。

五、参加马克思主义研究会

当时李大钊等人已在北大发起马克思主义研究会，常常举行座谈，毛泽东也去旁听，有时还发表意见，将中国古代各家的思想牵强附会于各派社会主义。与会人士开始注意他。

六、回长沙办刊物

五四运动爆发后，毛负着使命回到长沙，常常在《通俗日报》（何叔衡是馆长）上发表文章，颇露头角。不久，他自己创办《湘江评论》，督印、撰稿、编辑、发行全是他一人负责。这时，毛有了组织，也有出版物。他着短裤外罩长衫沿街叫卖《湘江评论》，有人说毛不穿长裤子即此时期。

七、毛鼓动罢学

各省的学生为了响应五四运动组织学生联合会，参加学联会的各校代表都是在校学生，毛虽无学生资格，但是每次湖南省垣学生联合会开会，他必定出席。他那时已经有了新民学会的组织。

民国八年冬天，毛参加驱逐张敬尧的罢学运动，时经两月，开会十余次。当时，张敬尧严厉地禁止学生集会。某次，大家商谈罢学事宜，无聚集地方。毛因与楚怡中学的校长①相识，建议大家在该中学之建筑工程棚内开会。大家不敢穿学生制服，改着长袍，以免治安当局注意。那天的会议，开得很热烈，从下午连续开到晚上。高年级的学生为了毕业，反对罢学，毛则坚持非罢学不可。毛的一群人是有组织的，我们则是意见纷纷。我校开预备会议决议授权代表表决时，毛亦参加，当时我是主席又是出席学联会代表，见情势不对，提议清查会场，凡是没有班代表资格的一律请退出会场。毛很生气，毛虽然离开会场，

① 此中学即前第四师范之校长陈润霖先生所主办。

罢学的提案还是通过了。从此，我们深感散漫的群众无法对付严密的组织。

罢学的案子既然通过了，大家还是服从，一夜之间，长沙数千中等以上的学生脱下制服，次日水陆分程回家，我也辍学回家。毛泽东一批人留下继续搞活动。一部分人上北京请愿，另一部分人由易培基领导退至衡山马嘶巷与谭延闿接洽。到北京请愿的人中，有黄惠平（原名英）者，家在汉口开设茶庄。行抵武汉时，黄到店中取了数十元买一件大衣，被毛发现，他检举黄惠平，说他得军阀的津贴，暗中监视北上请愿团的活动。黄因而被开除团员的资格。第二年（民国九年），黄回到长沙见到我大骂毛。后来，黄去德国留学，从事反共工作，与谷正纲、谷正鼎同时。十六年清党时，黄任上海市党部组织部长。

八、毛泽东做了小学部主任

民国九年，张敬尧被赶走了，我们也相继毕了业。易培基因马嘶巷一派的支持，做了第一师范的校长，毛则担任小学部的主任，这是毛在长沙的发祥地。他在学校里完全做共产党的活动，易不知也不管。

九、毛泽东代父领种学田未遂

当时易培基兼任湖南大学筹备员，影响毛泽东从事共党活动的意志很大。湖南大学的前身是岳麓书院，拥有学田很多，耕种学田的佃农比一般私家佃农所受到的待遇好。毛的父亲是半自耕农兼佃农，他想领湖南大学的学田给父亲耕种，以减轻家庭的负担，毛于是找杨宣城先生[①]商讨此事。杨代向易培基说项。易是富家子弟，当然不知民间生活的艰苦，易说：

“毛润之月薪有四十元，何必还要领学田给父亲耕呢？让父亲休息休息不好吗？”毛谓因为父亲负债之故，所以有此请求。于是先生们知毛家中清苦，愿意凑钱帮助。杨宣城告诉毛，毛说：“众人帮忙我不要！”杨说：“何必一定要耕学田？”毛也将父亲

① 杨是海军留美学生，曾参加南京临时政府，当时是湖南省政府的交涉署长，兼在第一师范教英文，教我班最久，也教过毛的班级。

做佃户受压迫及乡间土豪劣绅作恶的情形告诉杨，说时声泪俱下。杨安慰他说："以后慢慢谈好了。"从此，毛再也不与杨谈家中之事。可见当时毛泽东还有"不随便接受别人帮助"的传统想法。

一〇、非共青年因我们的警惕开始有组织

民国九年，我毕业了，失掉学生代表资格，十年夏离开湖南，但仍与湖南有联系。因为我对毛泽东的批评传播很广，提醒众人的警惕，渐渐地在长沙散漫的青年也有了几个组织，与共党组织形成鲜明的对垒。另有无政府主义派也成立"爱人社"出版《野火》，标题《野火烧长沙》是指烧毛一派的意思，与新民学会严阵相待，常发生殴打的事。那时我已到了新加坡、马来亚、苏门答腊一带与袁同畴兄等出版《南洋评论》与共产党人亦在斗争。

一一、黄庞血案工人罢工

当时，长沙发生一件惨案——黄庞血案。黄爱与庞人铨是无政府主义派的人，因为煽动湖南第一纱厂工人罢工，被赵恒惕枪决，毛在幕后指挥工人将尸体抬至第一纺织厂厂长彭海鲲先生家（彭为我妻亲长），工人被逮捕不少。黄庞血案之后，毛来往长沙与上海之间。民国十年，中国共产党在上海成立，毛代表湖南的 S.Y.(Socialism Youth）[①] 及 C.P. 参加。

一二、毛泽东梭镖队

关于毛泽东有二件事是外人很少知道的：

① S.Y.以后改为C.Y.(Communism Youth)毛的新民学会就是湖南共党的前身或外围。

第一件事，民国六年春傅良佐被赶走了，谭延闿还未回来，长沙成真空状况，流氓四处作乱，同学多已回家，只有我们百余“志愿军”[1]未走。一天，易培基与其弟白沙[2]到学校看看，易白沙先生看见我们未走，很表惊奇，问我们何故不走？大家回答说：“是志愿军啦！不能走！”他很称赞我们。乃在教室中召集讲话，报告辛亥革命时，他们在安庆组织学生军维持秩序的故事，要我们也出来维持长沙的秩序，保护学校[3]，大家很受感动，当夜便背了来复枪站岗。到了第三夜上，情势很是紧张，毛泽东预料流氓会来捣乱。但是我们的武器不够，又不能赤手与流氓相搏。晚上十二点大家开会商讨对策，正当无可奈何之时，毛突然说，他有了办法，叫大家跟着到厨房去。平日我们有宵夜的习惯，当时，我还开玩笑问他：“你哪还有闲心去吃东西！”在厨房里，他令每人选了一把菜刀，到校园后面的山丘上砍伐新长的春竹，削尖竹头作为利器。流氓们持的是小刀等物，不能与利竹相抗，又见我们有了准备，所以不敢闹事，遂渡过险关。由此可见，毛颇有急智。不久，谭延闿到了长沙，

① 黎元洪任大总统时代，北京教育部，通令各校培养军国民教育，学校普遍实施军训，我们另有百余人组织一连志愿军课外接受严格训练，杨宣城老师是我们的军事顾问，常坐着肩舆随我们打野外，毛泽东是文书上士，我是一名小兵。志愿军队长由现役军官的兵援教席担任。

② 易白沙教我班的国文与本国史，是老同盟会会员，南社分子，民国十三年在广东投南海而死。

③ 第一师范在民国前一年，曾被所谓饿民队焚毁。

知道我们护卫学校的事，大为嘉奖。谁知这梭镖队的发源，后来成了毛泽东井岗山的主要武器。

一三、毛泽东要学梁山泊的英雄

第二件事，民国六年的中秋节，毛邀了守护第一师范的“志愿军”同志十余人，大家凑钱买了月饼、水果之类到校园后山赏月。谈到各人的志愿时，我们有几人比拟严复与伊藤博文的阔志，并说将来竞选国会议员且要入阁，愿有朝一日能做中国的伊藤博文。毛闻之冷笑曰：“此路不通！共和（民主）是假的！我们不是贵族、军阀子弟，无钱无势怎么选得上议员而入阁？”大家以为很有道理。有的又说，准备考北大，然后留学，回来做教授，以学术救国。毛批评是“庸才”。又有的说：“日之胜俄，普之胜法，皆归功于小学教育。我们既是读师范，应该致力于国民教育以救中国。”毛不答。大家问他：“学做伊藤博文，你说此路不通；出国深造，回来当教授，又说是庸才。你将来准备做什么？”他说：“革命！”大家问他无械无粮，如何革命？

他说："梁山泊英雄好汉，自有办法。"

（以上为第一次访问，1962年12月15日，地点在台北市和平东路二段郭所长廷以公馆，访问人郭廷以、张朋园，纪录陈三井、马天纲，整理马天纲。）

一四、庞人铨不是共产党

民国十年，毛泽东成立湖南共产党机构——开办私立湘江中学，毛任董事长，并开设文化书店，暗中销售共产书籍（我到新加坡后尚被骗为股东之一）。庞人铨与毛在学生运动中还发生过冲突。民国十六年，国民革命军到长沙，共产党的活动受了阻碍，毛泽东才说庞是共产党员以资号召，庞的太太杨佩琪为此事曾发表声明，斥毛欺骗。庞人铨的哥哥人键是共产党员，可能毛泽东将庞人键附会为庞人铨，以混淆视听。其实，庞人键加入共产党也是黄丽惨案发生以后的事。

民国十年我离开湖南。以后长沙反毛的学生青年无形中多数集合在无政府主义旗帜之下与共产党作殊死之斗，两派领袖人才均以第一师范为多。庞人铨有子文会（中央政校毕业，曾服务于中央社），女文恭。抗战时，其女想杀赵恒惕，报父仇，因人阻止而罢。大闹黄庞惨案时，我正在新加坡，有无政府主义的同学来到，语我甚详。

一五、我考上公费留俄

民国十四年夏，因袁同畴兄的介绍（名义上的介绍是戴季陶先生），我到广州任黄埔军校校长办公厅秘书室上尉课员，专为校长整理演讲文稿。当时，邵力子是蒋先生的秘书长兼政治部主任。我由南京赴粤过沪时，曾往法界马浪路季陶办事处与戴先生长谈数小时。我到黄埔军校后与邵力子先生同住一房间，彼确系一位忠厚长者，大具儒家风范。

广州国民政府公开招考留俄学生一百五十名（黄埔学生另保送十名），由国府主席汪精卫主考，我是被取录之一，我们原分四批乘搭苏俄货轮由海参崴赴莫斯科。适逢蒋先生第二次东征凯旋，又因为在黄埔邀宴参加国民党第二次全国代表大会的全体代表，要发表重要演讲，邵力子秘书长不能信任速记员，要我留下替蒋校长整理演讲稿，所以我未赶上第一、二批赴俄。蒋先生在黄埔招待与会代表，席上就孙文主义学会与青年军人联合会时常发生冲突事发表沉痛而严峻的演说，内中有云：如果国民党同志反对共产党，我要制裁；相同的，共产党员要破坏国民革命，我也制裁！（详见毛思诚:《民国十五年以前之蒋介石先生》）全文很是露骨。我问邵力子秘书长是不是蒋先生第一次如此的说，邵说:“好像是第一次！”蒋先生说完后，吴玉璋、邓颖超二人代表共产党说话，张治中乃向蒋先生请示同意后也站起来说话。他的话针对吴、邓二人而发，内容很空洞，不过善于表演。黄埔第三期毕业同学录序是邵力子写的，其中有国民党员、共产党员的血，永远流在一起一段话（亦详见民《国十五年前的蒋介石先生》)，可见国共之争当时已趋激烈。

蒋先生讲稿，立即大批印刷分发，各报转载，上面循例有某某整理字样。政治部副主任鲁易拿着一份来找我，说:“校长的语气没有你记录那么强调！”我说:“校长亲自看过三遍！”他说:“外面的人为这次演讲而感到惊奇！”他硬说我记录错误，口气很凶，我和鲁易原是同乡老友，两人为此吵了起来。照例军中我不能和他对吵，我也不管，他亦莫奈我何。

后来才知道因为第一、二批学生中有国共之争，在海上和西伯利亚途中常常辩论甚至打起架来，所以第三、四批的同学被留了下来。记得我们一百六十人分批赴俄前，汪精卫设宴饯送，对全体致词有云：“我们遣送留法勤工俭学的政策，因同学意见不能相同，算是很大的失败。这次各位一同出去，一同学习，要一同回来，为国家服务。”谁料途中即起冲突。

一六、莫斯科孙文大学

孙文大学是苏联政府为纪念中山先生在莫斯科所设的一个特种大学。入孙文大学的资格：必须具备一年以上国民党党籍，而在国内读了两年大学的学生，孙文大学可说是 Senior College。其中当然有共产党，但是他们的身份是隐藏的[①]。孙文大学的校址是由莫斯科一所专科学校改建而成，面对大教堂，侧望克里姆林宫，前临莫斯科河。校长是拉狄克（Karl

① 莫斯科东方大学则是专门训练共产党之地方。

Radek)[①]。这大学的经费，实际上是第三国际捐献，名义上是俄庚款，与北京俄文专修馆同一来源。苏俄办此校的目的，说是参考马克思主义研究三民主义替国民党训练干部。实在是批评三民主义要将国民党员训练成共产党员。譬如去的时候，国共党员的比例是十比一，回来时则为二与十之比。俄共创办孙文大学的目的是鉴于中共干部，当时只有莫斯科东方大学与留法勤工俭学的中国中学生。乃欲吸收中国各大学学生，以提高知识水平。孙文大学生，除曾在英、美、德、法、日本的中国留学生外，国内去的，包括北大（较多）、燕京、清华、南洋、大同、岭南、中山等大学毕业肄业的学生（女学生以女师大的为较多）。并可使其回国扩大各大学的共党组织。

十七、被留在广州补习俄文

我们约八十人（郑介民也在其中）在广州等了半年，在这

① Karl Radek是俄国十月革命时五大领袖之一，其余四人是：列宁、托洛斯基（Leon Trotsky 1877—1940）、布哈林（Bukharin，Nicolai Ivarovich，1888—1938）、季诺维埃夫。托、布两氏常对孙大学生作特别讲演。

段期间，政府告诉我们滞留的原因：一是我们的俄文不够用，需事先补习；一是莫斯科闹房荒。所以成立俄文班替我们补习俄文。当时，我们住在广州的东山，房子是有名的许崇智公馆。因为孙文大学对中国学生的政策是自治，所以我们在东山也成立留俄学生管理委员会，分部办事由同学自己管理，我的职掌是向国民政府与鲍罗廷公馆办交涉，每到鲍公馆，鲍罗廷常是避不见面，总由鲍太太出来。有一次我又是见的鲍太太，很恼火地说："到底什么时候我们可以去俄国？你不要以外交官夫人的态度来敷衍甚至欺骗我们，以为我们是小孩子！"她只得说出真话："我老实对你说，你们不能去莫斯科的原因，不是俄文问题，也不是房荒；而是前面两批到了莫斯科常常打架。甚至在路上，国民党人多，要把共产党抬起来丢下海里去。如果现在让你们走，岂不是增加打架的事件？所以先在广州找人替你们补习俄文，同时研究马克思主义，与孙文主义，两相比照此照。你们先研究不要先下结论。"至此我才知道被滞留的真正原因。我乃要求鲍太太能否召集全体同学，亲自告诉他们滞留的原因，以便交待，她答应了。不久，她在广州中山大学礼堂招待我们，说明滞留的原因，并坚决表示："暑假一定让你们去！"鲍太太能把握青年人的心理，大家内心的恼怒，她一席真话便平服了。当时与我一起跑公馆的，还有现在台湾的张民权同学，那时张的俄文已不恶。他曾与刘少奇是广州宣传讲习所[1]同学。

十八、我在广州又遇见了毛泽东

很多要人先生都住在广州东山，蒋先生城里办公，也住在廖仲恺先生的公馆，张静江先生与我们是邻居。毛泽东也住在东山。那时他是宣传部副部长，汪精卫是国民政府主席兼部长。毛上下班都是乘坐公共汽车，且一向不坐人力车。我们因饭后出外散步，常与之相遇。一天傍晚，我路遇毛泽东与易礼容（长沙学联会旧人，已入共党）迎面而来。毛道："你在黄埔纪念周的演说，我们都已拜读，正在谈到，你们现在补俄文？不会短期内走，哪天到我家中谈谈！"我对他改变冷酷的态度，甚感意外。不久，我去找他，他首先问我为什么坚决的反共？我列举共产党种种的错误。他不但同意我的说法，还说共产党的做法一定会失败。我非常惊奇，问他为什么这样说？他道："我知

① 宣传讲习所是国民党办的，规模不大，应考人只要国文好即可，不要任何条件。刘少奇入该所以前，只读过私塾，未受过学校正规教育。毛泽东任宣传部副部长不久，改办农民讲习所。毛自任所长，但不属于宣传部。

道共产党员的错误当然比你更多，共产党的组织毫无基础，共产党分子只知在广州市做高官，而且趾高气扬。只要军事当局（指蒋先生）一开口，他们都完蛋！”我问他自己有什么办法，他道：“我自有我的办法，但恕不奉告！”当时，我不知他的办法是什么？待自俄回国以后，我才明白，这是后话。毛泽东为什么会提到我在黄埔的演说呢？我须说明一点。当我考取留俄，尚未离开黄埔时，黄埔教育长王柏龄①因调查黄埔学生中的共产分子②甚为共产分子所攻击，黄埔的官长中考取留俄的一共二人，一是王柏龄的部属，职位是校级，另一便是我，大家一齐都是反共的。当时，每周一有纪念周，高级长官常借此对同学讲话。某次纪念周，王柏龄主席，突然要我讲话，我那时不过上尉阶级而已，当然是为了赴俄留学，才有机会。我事前毫未准备，在军中这是命令，只好临时上台凑凑，我说话的重点：“……你们（指黄埔的学生）是三民主义的武装同志，正应该效法一手持剑一手持可兰经的精神，凡为三民主义信徒的都要一手拿三民主义，一手拿枪，谁反对三民主义，我们就以枪击之……”后来这篇演讲词，以“留别有枪阶级的同志”标题登

① 王柏龄与袁同畴都是孙文主义学会的要角。孙文主义学会的发起人要推贺衷寒等人。

② 某晚王柏龄知共党分子于晚点名后，开秘密会议，待彼等蹓出校外后，立即关闭校门，并下令紧急集合；待共党分子慌忙返来，经过校门时，王亲自当户，一一搜其符号，无一漏网，于是共党分子身份大明。

在《黄埔潮》上，毛泽东看见了，说我讲得很坦白。

十九、中山舰事件

民国十五年三月廿日中山舰事变之前，我们预感将有重大事情发生，因为蒋先生有三天未出黄埔长洲要塞司令部。解决许崇智部队之前也是同样的情形。如此重大的事情，我们在广州当时并不知道。之后，捕捉所有黄埔军队中之共产党，成立训练班予以训练。袁同畴高兴万分地对我说："校长是聪明正直而一者为神。"为了这件事，汪精卫与蒋先生之间闹得很不愉快。事变之后，毛泽东见了我们不再打招呼。至五月底，毛在路上遇见我们，突然道："你们快走了。鲍太太要你们先去研究马克思主义，然后再下结论。"

不久，我们果然接到动身的通知。因为延误了很久，原来的第三批与第四批合为第三批一起走共有七十二人①。动身的那

① 前一批也是七八十人。加上各地选送的，共约三百人。其中以北平、上海二市为主，各地选送学生由国民党该地党部主办。

天，鲍太太亲自到码头热烈地欢送。

二〇、我们到海参崴

我们的行程是经海参崴，转西伯利亚铁路至莫斯科。船泊海参崴，共产党派人热烈地接我们上岸游玩，首先看到海参崴的公共汽车，票价起码八哥比，较上海高出十倍以上，心中乃大为疑惑，公共汽车尚如此其贵，还谈什么共产主义社会？

二一、到校却被派作政治报告

火车经黑龙江、乌拉山、贝加尔湖，沿途风景宜人，女同学无论国民党还是共产党（约总数的十分之一），每一批都在车上大唱苏武牧羊，共产党人员见这种情形大为失望。我们到达学校后，中国国民党驻莫斯科孙文大学特别党部开盛大的欢迎会，校长拉狄克亲来参加，主席是陈春圃。会中推举杨大可报告广州管理委员会的情形，梁干乔（黄埔二期学生）报告沿途的经过；国内的政治要我报告，我明知这种决定实是莫斯科共产党观察我们的方法，有所警惕，但也无法推辞，乃就蒋先生在黄埔招待二全大会代表之情形，李宗仁的第七军，唐生智的第八军加入国民革命军，以及蒋先生就任总司令之盛况扼要地报告；甚至蒋先生就任大典吴稚晖先生穿罗汉长衫，谭延闿先生穿纱马褂，郭沫若拜伦式的诗人革命等琐碎事也加以描述。最后强调蒋先生是伟大的革命领袖，中国国民革命与俄国共产革命的分际。还有人要我报告三月廿日中山舰事件。我说："自己太年轻，未经政海沐浴，而且事变之后国共双方一定都有报告送到莫斯科，不必要我来叙述。"杨大可的报告很有组织；条理明析；梁干乔为人精干，已是共党。从此，学校凡开大会一定有杨大可与我参加主席团坐在台上亮相。平时常有女同学找我们聊天。因为共产党知道青年人的心理：好出风头、爱女孩子。他们充分利用青年人的这种弱点。其实我在国内已疲倦于学生会活动，且有未婚妻在国内大学等于订婚。我只想定下来好好读读书，所以对他们的这一套并不理会，共产党一看情形，大概很失望。最初，国民党莫斯科孙文大学特别党部改选，陈春圃当选为执行委员会的主席，我是监察委员会的主席，我与陈在公事上当有冲突，后来共产党乃将我削职为民，我倒落得自在。我初到莫斯科，广州中山大学教授刘侃元从国内写信问我旅俄的感想，当时我对共产党的做法尚乏深刻的认识，回信中附了四句类似新诗，说俄国：

不是花团锦簇，
不是虎穴龙潭；
帝国主义的敌塞，
无产阶级的摇篮。

二二、孙文大学的课程

孙文大学一年级的课程以历史、政治、经济为主。上课的方式多是讨论会（Semina）性质。主要课程如经济地理、社会进化史、政治经济学、中国革命史（中国历史）、东方革命史

（以印度为主）[①]、西方革命史（西方政治史）等，俄文课天天都有。有些课程是集合各班同学在大礼堂上由名家讲授后再分班讨论，亦有人指导。教授多数非共产党员。拉狄克校长因为用德文写过一部中国新历史，所以中国革命史由他担任集合讲授。经济地理由 Lipppmann 担任。他是犹太人，非共产党员，经济地理设有特别教室，挂图、标本、幻灯等设备齐全。后来我在伦敦大学政治经济学院所见，亦不过如此。社会进化史一课，常被带往博物馆实地教学。我在国内大学曾读过有关经济学、政治学、历史的课程，而他们处处用唯物辩证法分析，与我原来的知识格格不入。他们能将马克思极复杂的资本论代之以政治经济学而简单化，条理很清楚。上讨论班时，还印制英文讲义稿，所以有些课程很受学生欢迎。同时用德、法、日、俄、英各种语文开讲的班次都有，为了破格而去的达官贵人们的子弟，甚至用中文开课的班次也有。我参加用英文讲课的班，班上还有一个时而是德国人时而又是英国人的女学生，以后我看见她在上海公共租界开国际书店。

拉狄克等名家集合讲授时，或自带翻译，或就同学中挑选

① 教印度史的先生，乃一帝俄时期驻俄使馆廿余年有专门研究的人员。他从印度之气候土壤分析印度之宗教、民族性，然后再讨论帝国主义在印度抢夺资源、殖民的情形，止于东印度公司的成立。他上课备有地理、资源、生产等各种挂图，以及印度资源之标本。

充任，如沈泽民、张闻天、潘家洵等人。他讲中国革命史，武断为一部农民暴动史，他特别强调汉高祖、陈胜、吴广、赵匡胤、朱元璋等人的从农村起义。某次，他问大家“革命”的定义是什么？接着他又说：“没有一本书说明革命的定义。我曾在埃及的一篇古碑文上，看见某反革命学者对此有详细的说明。他骂道：‘革命的内容有三要点：(一)杀得鸡犬不宁，十室九空；(二)流氓地痞推翻君主掌握政权；(三)经济重新分配。’其实这就是革命的定义。”进而他用此定义为准则，分析我国辛亥革命不是革命，只是政变。我听了很生气，对身旁的邵力子①先生说：拉狄克侮辱辛亥革命。邵先生要我起来说：“中国古代早有革命的定义。‘汤武革命，顺天应人’。顺天乃是顺乎自然，即顺乎社会的变化；应人则是应人民之要求。按此定义，辛亥革命是革命而不是政变。”我乃起立做如此说明。拉狄克笑而不言。②

第二年的主要课程有：俄国革命史（又称列宁主义）、唯物史观、西方经济思想史。校方所以在教毕中国史、东方史、西方史之后，安排俄国史，乃便于从1905年开始，也就是共产党史的讲授。他们的目的：希望训练我们接受俄国的思想。听完地理经济社会进化史（他们的名称为“社会形式发展史”）

---

① 邵力子是国民政府在莫斯科的代表，相当大使，常在孙文大学听课消遣。

② 以后我被派往列宁图书馆为孙大东方研究室抄录我国太平天国的史料，指定我抄的都是当时清军所获太平天国极言其残酷的小册子。

才讲经济学，前者自然以唯物史观为出发点。后者则偏重于马克思之资本论，先从货币、银行金融资本的结构讲起。

二三、在孙文大学国共两党学生之斗争

在俄国共双方学生之斗争，中山舰事变之后国共学生的斗争渐趋于暗斗，等我们到莫斯科时，已无类似打架的事，谷氏兄弟在学校中是国民党组织之首领，二人由德国至俄。与邓文仪、萧赞育、康泽等二三十人组织小组织对抗共党。萧主持壁报因写文章惯于一套党八股，大家讥讽他是小戴季陶。出壁报、辩论、打架是双方斗争的方法，当双方起冲突时，校长多是袒护或安慰国民党，这也许由于宾主之分罢。国民党之组织既不如共产党之严密，推行党务又不如共党之方便，加之共党诸般的引诱，所以在莫斯科中途变节之国民党分子甚多。国共两党同学相讥的口头禅,共产党员动辄以“小资产阶级”、“封建”、“宗法”笑骂国民党员。而共产党员，又多系世家子弟，生活习惯依旧，我曾笑其谓“无产阶级绅士”。

二四、共产党员要斗争谷正鼎

我到莫斯科后，国共双方为了谷正鼎宣读共产党秘密文件一事斗争得最激烈。我做监察委员会主席不久，某天共产党员林某与黄家祥[①]在某场所内与张镇、唐健飞[②]闹玩笑，张、唐见其裤袋中藏有文件一叠，据说是乘其不备，抢了过来，谁知是对付国民党的秘密方策，张、唐乃交给谷正鼎。谷竟在国民党部开会时宣读这批文件。共党跨党分子纷纷责问文件从何而来，责谷等破坏两党团结，并加上张、唐偷窃文件的罪名，要监察委员会议予以处分。我于是与书记长邓文仪商讨，两人以为不承办又不行，只好用拖的态度处理。向共产党告密国民党有小组织的，是黄夷伯其人，黄埔第二期学生，是国民党员，因恋爱而转为共产党员。党部要处罚他与共党勾结的行为。某次大会席上，陈春圃作工作报告时代黄辩护，说黄已知悔过，仍不

① 中共驻苏联第一任大使。那时共产党员同具国民党身份，国民党责黄叛党，共党反唇张唐偷窃文件，谷有意破坏两党团结。

② 唐健飞斗争健将，态度凶猛。大会发言，声宏嗓大，素有唐土匪之称。该密件，是抢？是偷？亦难分辨。张镇即后来的宪兵司令。

失为忠实同志。由我作工作批评时，我因冒火乃夹了几句鄙俗语说：一个女人，偷了人，裤子一穿，又称处女，有谁相信？”我说时态度极严厉，共产党人对我大吼，叫我不要再说了；国民党员则抿嘴而笑，并报以掌声，用国语叫我说下去。我移交监委会主席时，以“时间不够，证据不足，留待下一任办理”数字将谷案不了了之。谷案之后，国内已经开始清共，学生忙着毕业，国共斗争趋于严肃。毕业典礼时，共产党指定康泽致答辞，我们生怕共党找到康的错处，幸而康只冠冕堂皇的简短说几句就下台，大家都很满意。

二五、学校的生活情形

在莫斯科孙文大学，无论衣服、文具用品全由校方供给。除发给每人一件灰色特制之外罩衬衫（罗拔西尖）外，别无标志。我先在中国城（China City）住了一个时期，住的是学校的大宿舍，不久迁至一栋小宿舍，是旧日的王侯邸第，我与张云伏（北大政治系毕业，以后同在上海教书）同住一间小姐闺房。因离学校不远，有时徒步回宿舍。晚上精神很苦闷，除了坐坐咖啡馆，散散步，别无所好。有一次我和张云伏大雷雨之下沿街缓步回宿舍，衣履尽湿，借此以泄闷气。

学校里的伙食很好，每月三十个卢布比东方大学贵一倍。晚餐时常备有中菜。一日三餐都有女侍招待，餐具等项极为精美，刻有校徽。东大的学生常以能至孙大吃饭为舒服。无女友的一律坐大条桌，有女友的改坐小圆桌。开始时，多是坐大桌子，渐渐地坐小圆桌的愈来愈多。这是俄共产党的一种政策。我参观过英国的牛津、剑桥，以及美国的密西根大学的法科宿舍，其学生餐厅之用具，伙食之美好，招待之舒服，皆不能与孙文大学相比。俄共产党所以如此，目的是夸耀俄国的富庶，或是在于国际礼貌，也是希望我们能加入其组织。但生活虽然优渥，我们的精神却苦闷，常发脾气。某次吃饭，我发现汤中有片汤树叶，心中大为恼火，骂厨房不讲卫生。女侍过来羞我，劝我快结婚。我问其故，她说："整锅汤之中，只有两片汤树叶，你独得其一，如此运气，还不应该结婚吗？"说得我很不好意思。此外孙文大学的周末晚会也极精彩，还常发票前往莫斯科大戏院看芭蕾舞或名优的歌剧。暑假全体学生往沙皇休暑处消夏，医药食宿均佳。

二六、校方训练同学的方法

学校另一种训练方策，便是令同学自治。除教务处之外，校内任何组织全称某某苏维埃（委员会），每人必须参加一种苏维埃，担任委员之职。如秦邦宪化名博古者，负责饭餐苏维埃，最低级的委员。苏维埃中俄人任副主席，中国学生任主席。有些不擅言词或头脑简单的同学，经此训练的确颇有进步。学校管理同学的方式是无形的。如持学生证至商店买东西，可以赊账。其用心乃在使大家感到做孙文大学的学生是光荣的事。

二七、我们回国

十六年四月南京国民政府成立，七月我们分四组归国，我是四组组长之一。苏联方面本想将谷正鼎、皮以书分入两个组，要我这一组带着皮女士先走。皮当时已有孕，为人很机警，说谷正鼎不走她也不走。苏联方面只得让他俩一起回国，我将领得的经费悉数分给本组的同学，大家甚为愉快。同行同学中有人说，林栢生、陈春圃两人带队赴俄时，把持经费不分发，至海参崴险被同学殴打，才拿出来。

到海参崴，该地市面虽较莫斯科繁荣，物质依然贫乏，大家在那儿纷纷出售手表、丝袜等用品，俄人争购。当时只有一艘俄船开向中国，而舱位仅剩十名。大家急于回国，谁走谁等争执不下，开会讨论也无结果，最后只得用抽签方式决定。开会时，我当一次主席也被起哄了。校方驻海参崴代表也不决定办法，让我们发生争执。当时实际不只有十个舱位，完全是苏联方面耍的花样。

我们回国的车船票，全非自己的名字，动身之前，学校的副教育长再三叮咛，在火车上如有人问及，只说赴西伯利亚避暑，千万别说回国，以免发生意外。我们不加入共党组织而能卷国旗式的回国，主要因为西欧民主国家，已经注意到我们的安全，已有将我们这批非共华籍学生的消息向欧美的报社发表，所以苏联方面有所顾忌，特别小心地护送回国。我们抵达上海，由市党部开会欢迎（黄惠平主席），挂专车车箱送到南京。在上海与当年同伴旧友久别重逢，倍加欢喜。

二八、我在莫斯科遇见蔡和森

我在莫斯科时，有数事值得一提。

第一件事，我在莫斯科遇见蔡和森[1]。因为我与蔡在湖南已相识，又得他是共产党之便，所以两人相谈言无不尽[2]。一天，他问我毛泽东在国内的情形，我将毛分析共党在中国失败的话告诉他，他同意。又问我毛有什么做法，我说不得而知。我问他能否替毛想个主意，他说一时不知从何想起，以后再告诉我。我回国之日，他仍然未替毛想出好办法。我问他自己将来怎办，他说："教条式的说，我把马克思主义当作宗教信仰；开明的说，当作学问研究，心安而理得，无他求也！"

① 蔡在湖南省立第一师范（原名城南书院）比毛泽东高二班，与萧瑜、毛泽东合称为城南三杰，师范未毕业，已考入省立高等师范（原名岳麓书院）。曾译述穆尔根著的《古代社会》，其绰号为中国的布哈宁。蔡不失为一学人。

② 在孙文大学里，如两位国民党员相谈，常有一位共产党员加入，我与蔡和森交谈则免去这种干扰。

二九、斯大林到孙文大学演讲

十六年五月十三日，斯大林至孙文大学演讲，他说：“中国革命的失败，陈独秀要负全责。我们以后的方针，仍然是制造两个政权。一方面恢复地下苏维埃，一方面继续参加中国政府。……如想统治世界，或者保卫苏联，中国绝不能与苏俄分离，然而前途的困难很多，因为帝国主义无时不虎视着中国。尤其是英帝国主义对苏俄的挑衅与日俱增。譬如，在莫斯科制造的暗杀炸案日日增加，嗾使中国政府查抄北京俄使馆，伦敦俄商务代表所被抄，最近驻波兰大使班可夫的被刺。这全是英帝国主义者想刺激俄国，希望我们先开战端。我们目前虽然容忍，但是终有一天，要消灭邪恶的帝国主义。英帝国主义最不能忘怀的便是中国与波兰，因为它要打俄国，不能恃赖海军，必须使用陆军，利用波兰、中国两陆军国家，作为侵略根据地，夹攻俄国。……”斯大林的城府极深，说话时稳重沉着，然内心里极粗犷。列宁生时批评斯大林是好放辣椒的厨子，斯大林曾将烟斗塞入摇篮内他自己的婴儿口中，婴儿呛哭了，他还骂一句“长大不配做布尔什维克”。列宁虽然阴险，尚稍有书生气质，远不如斯大林之粗犷。拉狄克与托洛斯基友善，当时尚敢和斯大林激烈地争夺孙文大学。他亦曾在孙文大学大骂斯大林对中国革命指挥的错误。老布尔什维克团更是在列宁格勒党部连续开会检讨斯大林，大排老资格，斯大林乃以定时炸弹镇威。

某次，美国新闻界组织一考察团至俄。曾到孙文大学访问，拉狄克问他们：“美国有中国留学生多少？”答称：“约有数千人。”拉狄克说：“中国学生到美国的虽然多，然而你们只能训练他们回国教书。我们两年来收有中国留学生六百人，将来至少有三百人是中国政治上的领袖人物！”拉狄克当时已批评苏共指挥中国革命之错误，延误了中国革命十年。1934年我在伦敦看报，拉狄克改变他原先的看法，说中国革命将延误了二十年。拉狄克何所据而云然？据我想，拉狄克初以为蒋先生北伐完成之后，日本必出面干涉，将提早中日战争。中共即可袭俄国十月革命故技，转对外战争为对内战争，夺取政权。但以蒋先生的明智，迟延了中日战争，九一八事件及中共之计未逞。到一九三四希特勒已亟欲蠢动，第二次世界大战不免，故拉狄克以此类推。

三〇、我终于认识了俄国

回到上海，我在国立劳动大学做秘书，刘侃元因在江西省党部受人攻击也回到上海，遇见我，问我对俄的观感是否改变，我说：

俄国——

不是花团锦簇，而是虎穴龙潭；

还是帝国主义的敌塞，而不是无产阶级的摇篮。

当晚，他为我洗尘，两人同宿旅舍，长谈很久。他突然问我知不知毛泽东已去井岗山做“土匪”。我说毛泽东绝不是如此简单之人物。刘又说：“不是旧式的土匪，而是共产党。”我问他毛何来干部？他说毛的干部全是广州农民讲习所训练出来的，我问：“毛何来武器？”刘说：“以梭镖队为主。”至此，我才恍然大悟，不禁拍桌一叫，回想起民国十四年冬毛泽东对我说的话，足见毛泽东久蓄野心。始料他不过梁山泊英雄好汉而已。

三一、在莫斯科陆大宿舍一宵

孙文大学发表送我们回国后，某日傍晚，我和杨大可往陆军大学宿舍访贺衷寒兄。一进门，他便说“知道你们一定会来！”相谈过午夜，已不能返，所谈皆回国后如何做法的问题。在国内“清共”以前，我们也常谈回国后的问题，唯没有此夜谈得深刻，同时也知道建国艰难，以后问题尚多。当晚我们三人横睡一床，六腿同置条椅上，是值得纪念的一回事。我们翌晨别时，还担心他何时能回国呢。他说“不怕！留一天读一天书，叫我走就走。”因为他是广州主持孙文主义学会的首脑分子，曾有一次广州市民大会，孙文主义学会同志被军人联合会的共产党徒化装市民打得头破血流，我们实在担心他留下的安全。我离莫斯科时，还对他的宿舍方向默祷他的平安。当时他自己亦知道危险，不过相信在俄国境内，共党将有所顾忌。果然年底他平安回国。我在回国途中，火车上与康泽同房间，所谈亦多。回国后我与贺、康过从甚多，对国事有所策励，未敢懈怠，成败且看将来。

三二、胡展堂是反俄共的先觉

虽然我们在莫斯科时已发现苏俄对中国绝无善意，但是我回国后感觉大家对苏俄都缺乏深刻认识。只有胡汉民（展堂）先生体会出俄国绝不是一个简单的国家。他在“清共”之后，常对我们说，廿世纪俄国是个大问题。他主张要详加研究，要妥谋对策，又因当时国内出版界谈苏俄问题者，很少涉及帝俄的历史。我乃根据美国斯坦福大学的英文本选译了蒲拉多诺夫的俄罗斯通史，由胡先生交上海华通书局出版。该书写到十月革命即止，原作者是农奴之孙，父亲为一皮鞋工人，自己苦学至大学毕业，曾任皇室历史教师。我于翻译时，蒙胡先生多次指教，他尝说：“对付苏联要有整体的新经济制度。”观今之欧洲共同市场，胡先生岂非先知先觉？

（以上为第二次访问，1962 年 12 月 20 日，地点在木栅政治大学白公馆，访问人张朋园，纪录陈三井、马天纲，整理马天纲。）

三三、民初湖南青年的革命情绪

民国以还，湖南有许多事情足以启发青年人的革命情感。毛泽东生于斯，长于斯，耳濡目染，革命意识自自然然而生。

宋教仁被刺以后，继之以日本对我国提出廿一条的五七国耻，爱国运动高涨，中等农业学校的学生，彭文超（小康之家的书香子弟）热烈地响应五七运动，他的文章写得很好，后来，因对时局悲观，抱石投湘江而死。校方为纪念他，建立纪念亭，供遗像，展览遗书（痛哭流涕唤醒国魂），湖南的青年几乎无人不受影响。

黄兴、蔡锷的国葬典礼，对湖南青年的思想也有所启发。他们两人葬在岳麓山。山下的岳麓书院具有一千年以上的历史，朱熹曾在此讲过学。书院的旁边建有文庙，其历史价值高于哥伦比亚大学内的圣保罗教堂。湖南大学以岳麓书院为校址，在大门的两旁悬有一副对联：

唯楚有才，

于斯为盛。

山上除了黄、蔡的墓，还有屈原寺（城内还有贾太傅祠），一般人常盘桓于名胜古迹之间，仰见古圣前贤遗迹之余，国家思想、英雄主义油然而生。岳麓山顶有古刹云麓宫，风景绝佳，有茶楼供游人休息处，俯瞰湘水，雄伟而秀丽。记得悬挂着古人对联一副“西南云气来衡岳，日月江声下洞庭”。使人联想到太史出游名山大川，孟子善养吾浩然之气的句子，不禁胸怀畅开。归途晚景亦佳，有爱晚亭一所，更饶诗意。又记得我童年时随父登岳阳楼，父嘱勿忘范仲淹“先天下之忧而忧，后天下之乐而乐”之句。该楼古人对联更多，父问我最爱那一副。我答以周砥的“千里湖山归眼底，万家忧乐到心头”。父视点头称许。

汤芗铭入主湖南，虽然比后来的张敬尧斯文，但杀人风气很盛，大家称之为汤屠夫，青年学生无不憎恨。民国五年，汤离去不久，国民党的军队开入长沙，在烈士祠（旧曾文正公祠）举行殉难烈士大会，记得大会堂两旁，悬挂一副对联：

袁逆天诛，功归上帝；

汤屠活走，罪在我们。

文字固然不典雅，足见当时人民切恨军阀之心。

反洋心理也是兴起毛泽东革命意识的因素之一。当时一般人对省城的雅礼大学、湘雅医学院、福湘女中等教会学堂的学生，都是另眼相看。某年夏天，全省举行足球锦标赛，第一师范与雅礼争夺冠军，雅礼学校的学生着毛呢制运动服出场，大家很看不顺眼。第一师范的校队因训练不足败给雅礼，毛泽东起莫名之火，大喊："打洋奴！打洋奴！"果然大打出手散场，足见他那时反洋的心理已根深蒂固。当时，因仇恨各国在华划定势力范围之观念积久不去，一般人多形成狭隘的反洋意识。

三四、湖南青年痛恨张敬尧——视为禽兽

民国八年秋季开学后，张敬尧见学生经常闹事，心想以自己督军的威望召集训话，一定可以慑服学生。于是某天下午二时他在湖南省教育会礼堂集合各校的学生代表讲话，毛因已离开学校，跟着学生行列混入会场。由会址围墙的大门通到礼堂的道路两旁站满了士兵，高举着刺刀，交叉着，我们在刀锋之下，鱼贯而入。等至三时，张才到会场，身穿一套荷花色厚绸的军装，大家私下说他一定因为鸦片瘾未过足所以来迟了。开始，张说话很和婉，以父母送子弟入学的辛苦与期待，勉励大

家用功读书，对付日人是政府的事，大家不要管，后来愈说愈粗暴，居然说：“如果学生不听话，我要杀你们的头！”毛泽东与谭慕愚（惕吾）等女生数人坐在我后面，谭闻言深感青年可悲，不禁泪下，毛劝她说：“他杀惯了人，有什么好哭的，当他是狗叫罢了！”可见他内心之深沉。当年张敬尧之四弟敬汤（兄弟皆吃大烟）任师长，驻在第一师范，军纪极坏，民间妇女遭其蹂躏者尤多。迄后兵败，退离湘境时，乡民揭竿追击，口呼打杀禽兽。

三五、毛泽东反洋心理很浓厚

毛泽东的身体很好，说他早有肺病恐不可靠。他晚间经常在露天下聊天不睡觉，雨天至学校后面的山丘上冒雨沐浴都是事实。近来报载他在汉口游渡长江也许是真的，因为他受过游泳的训练。李石岑由日本回到长沙，在第一师范教游泳，欢喜和我们一些倾向维新，想知道日本情形的学生一起玩，毛泽东便是其中之一。毛泽东常跟他到湘江游泳。湘江中央有一片沙洲，名水陆洲，是一名胜区，有不少新式建筑，几乎都是外国人的住宅，宛如租界。毛泽东横游湘江，在沙洲上休息时，每每与外国人发生冲突，而外国人总是怕他闹事。

民国十三年，我由新加坡回到上海，往法租界国民党市党部拟补行党员登记（我民九在长沙由孔昭绶先生介绍入党，过广州时见共党猖獗未登记）。市党部假环龙路四十四号办公，那时国共已合作，我一进门即见毛在那里办公，衣衫褴褛，面目冷酷，冤家路狭，我又迟疑了登记。交谈不久，他邀我乘电车回家。当时上海的电车分一、三等两种，两者的车费虽然只相差几个铜板，乘客的身份大不相同。以他的经济能力与地位大可坐头等。但是，他一定要坐三等，我也无法，那天我的服装很整齐，车上的人，都带着奇异的眼光看我。他问我去过法国公园否？我说："久知其名，还未去过。"他说："应该去看看。"我问其故，他告诉我"华人与狗，不得入内"的故事。可见他反洋心理之浓厚。

三六、湖南省银行钞票停兑与毛泽东家庭的影响

毛泽东的家庭虽是贫农，每年也有几十担谷子收入。湖南省银行发行的钞票，谭延闿先生主湘时曾停止兑现，币值一落千丈，毛家破产，原因是乃父除耕农外，还在乡村兼营小杂货店，向土豪劣绅借入的钞，必须偿还银洋，而他放出去的债，人家只还省银行钞票，所以负债。湖南人因省银行钞票停兑，中产之家，破产者极多，就此一点，对谭很不谅解，曾用作废的票纸扎成一把万民伞送给他以示讽刺。十五年春汪精卫赴法，广州国民政府由谭延闿先生代理主席，我因赴俄事代表同学往谒，由于鲍公馆无确实答复，他亦只有“无可奉告”。闲谈之下，谭先生是个和蔼可亲的长者，问我为什么不在国内大学毕业后再留学欧美，我冲口而出：“受湖南省银行钞票的影响，家已破产。”他连说：“抱歉！抱歉！”我已无法收回我的话。谭先生人格文章、道德、事功勿庸人置喙，然而财经终非其所长，用人不当，无可讳言。谭先生作官一生，幕僚皆诗酒文章之辈，无一现代人物。三湘文职青年，过去乏人引进，甚苦；共产党

内多湖南人，惜哉！有一段时期共党加大夸张湖南人“文不入阁，武不封疆”之谣。

三七、在广州的回忆

十五年上半年住在广州有几件事值得一提。

鲍罗廷的势力很大，国民党中央政治会议都在鲍公馆举行，其实鲍公馆就在中央党部对门，鲍是外国顾问身份，列席中政会，但俨然太上主席。十五年三月廿日中山舰事件之后，汪精卫出国，胡汉民在俄未归，张静江出任中政会主席，蒋先生不满鲍罗廷之专横，才将中政会搬回中央党部开会。

十四年冬蒋先生第二次东征凯旋，举行阵亡将士追悼会。我与刘侃元夫妇，至会场浏览。会场大门上挂着一副对联：

精卫填海

介石补天

我一看大惊，心想一定是一位阅世极深的老先生才能写出这等警辟的句子。当时汪精卫是国府主席，固然精卫鸟投东海而死，只是描写汪的个性或革命精神，我忽然感到恐是蒋汪荣枯的谶语，后来汪果然演出政治上的悲剧。汪叛国后，我在重庆常回忆此联，并以此语人，但加注意者不多，即当年同在广州的人士亦漠然。

十五年三月廿日后，共产党在国民党，尤其在军中之组织频于动摇，鲍罗廷一时见无法控制国民党，乃极力反对北伐。俄国一贯的政策是：不能控制国民党，便不让国民党控制中国。若是不提前北伐，两广的摩擦一定会就在广州扩大，因为鲍罗廷已经挑拨两广间之关系。在国民党第二次全国代表大会中，共党分子提议在两广施行苏俄形式的土地革命，虽幸未获通过，但共党则已图穷而匕首见矣！

三八、顾孟余到广州

“三一八”惨案后，顾孟余先生被段祺瑞下令通缉，由北京南下，初住广州中山大学医学院。顾完全是世家公子出身，有名的卫生大家，非西餐不吃。我们听说他在北大，欢喜别人称他 Professor，否则甚至不予理会。我们去看他也称他 Professor 顾，他还以为我们是北大的学生。问及北京国共冲突的情形，闭口不谈。传说中山舰事件后，蒋先生要他任组织部长，他不肯担任，因而蒋先生自己兼，以陈果夫为秘书长。若顾孟余当时承担了组织部，以他对民主政治的认识，国民党内部绝非今日之情形。有人说他不愿做，是因为与汪精卫之关系；以我所见未必如此。廿七年汪离开重庆，顾反而从香港至重庆出任中央大学校长，可见他在大关大节之际，是有分寸的。他不肯负责党组织的重任，可能是不胜繁剧。同时他并不专重组织，而偏重政策与人的知识、智能。据说他在改组派中，曾说出“一群狗，组织起来，并不会变成老虎”的戏言！

三九、中国第一位剖析马克思主义的人是顾孟余

虽然陈独秀、李大钊等人组织了马克思主义研究会，但是他们对马克思主义的认识是不够的；所以，毛泽东将中国古代思想与各国社会主义牵强附会，很得他们的赞许，实在说，第

一位剖析马克思主义的人是顾孟余先生。他是留德学生，在北大教书时，根据一本德文的马克思浅说（英译本 People’s Marx) 写成数千字的短文，将唯物史观、剩余价值、阶级斗争要义分别的简明剖析，告诉国人什么是马克思主义。他是反对马克思之经济学者，也是中国第一位有系统介绍马克思学说的学人。马克思主义研究会诸人，若有深入马克思学说研究如顾孟余者，能引毛泽东入胜，则可能毛走上了研究马克思主义的途径。或者他能在北大图书馆蹲下去，即不升学，以其国学根底，阐明中国学术，可能走前钱穆（宾四）先生一步。

四〇、我在孙文大学所认识的共产学生

驻莫斯科中国国民党特别党部前我一任的监察委员会主席是屈武（于右任先生的大女婿），他俩夫妇与我常有交谈，并有意的告诉我他任该主席后未经 C.Y. 阶段便径为 C.P. 。当时陈绍禹（王明）是学校 C.Y. 负责人，他的年纪很轻，地位并不算高，但极会活动，完全是一个小政客，攀结掌握学校行政实权的副校长米夫（Mif Pavel, A.1901—1939），因此陈颇有权势，我们呼他为洋奴买办。米夫后来是第三国际派来中国指挥中国共产党的要员。陈回国后，写文章化名为王明，所以后来郑学稼讽刺他是 Wang（王）—Min（明）Miff sky 陈绍禹（米夫斯基，王明，陈绍禹）。他在重庆参政会时，周鲠生先生见到他发言幼稚、肤浅；后来问我"为什么陈绍禹一点都不成熟，在参政会发言好像在学生会一样。"我说："这便是陈绍禹。"毛泽东不用他，主要因为他不深刻，可能与国际派也有关。其余张闻天（原国家主义派）沈泽民……等人，洋奴气味较少，但共产成见极深。等而下之，不足道矣，如伍修权者，我们竟全不相识。

在共产世界中有头脑的人，很难存在，像朱务善便是一例。朱是湘西人，北大法律系毕业。我因与他是湘西同乡，到莫斯科承他接待，相谈之下，我甚为重视他，他脑筋清楚，对事有见解，有深度；只是为人深沉，我不敢与他过分接近。回国后，我预料他一定走上托派，不能为斯大林所容。后来，某同学回国，我问他朱务善如何了，他说被斯大林所杀。我问其原因，原来朱的太太是俄人，从他的私生活中发现了朱是托派，向共党机构告密。用俄国女孩子配中国留学生是共党的政策。托洛斯基曾对孙文大学的学生演说，强调"中苏两国紧急合作"、"中国国民党与共产党紧密合作"，以及"中苏青年男女亲密的合作"，并具体提出中国同学与苏联女子结婚的主张。当时不少俄国女孩子至孙文大学追中国学生（在东方大学对亚洲各国学生如此，在西方大学对欧美各国学生亦如此），所生儿女一概送入“公育院”。这种政策实行三十余年以来，我想在莫斯科无父无母的杂种不少，他们不知父母为谁，国籍为何，若是有一天人性自觉，对莫斯科政权是否构成一威胁？

四一、毛泽东与苏俄之关系一向不好

毛泽东与苏俄之间有裂痕，不自今日始，因为他的英雄主义早促使他想成为落后共产国家的领袖。当毛在延安时，我曾下断语：“只要毛泽东占领的土地一旦与苏俄接壤，毛之生命即将结束。”这句话至今虽然未中，是大陆“沦陷”太快，毛泽东的势力突增，使得苏俄不敢急于下手。如果抗战时，毛所占的土地与苏俄连壤，毛泽东必定被囚于莫斯科，至多成为日本在第三国际的片山潜，象征人物而已。战后，中苏条约商谈之际，我方派至莫斯科的人员，在某次商谈顺便问斯大林对毛泽东的观感，斯大林说："乡下人，完全是土作法。"可见斯大林对毛也不甚满意。毛之捧斯，策略乎？愚昧乎？

我在莫斯科时，对于俄国人自己重视读书、生产，而在广州时时兴起学生罢课，工人罢工，痛恨共产党谋害中国的阴谋。即是十月革命纪念日，他们至多在红场（Red Square）举行一小时或二小时之游行、阅兵，而且时间在下班以后，绝不因此而影响生产。我们曾参观工业、农业和教育方面的设施。莫斯科第一大学与第二大学设备很好，学风很盛。第二大学理学院有位研究变种的生物学教授，据他自己对我们说，做研究工作三十年如一日，从未踏出校门一步，且不知有世界大战。

四二、俄国的工业

我在莫斯科时，俄国第一个五年计划将要开始。自从十月革命后，工业产品损失很大，纺织业降至原生产之2.5%，烟草业降至3%多。任何产品能达到原生产之40%，已是不错。银行制度破坏，工厂管理权操在不懂生产之共产党员手中。十月革命时共产党员只有一万八千余名，且无管理工厂的知识；而工人也因而乐得不操作，例如烟草工厂，遍地都是烟蒂，工人坐在一旁不工作。工厂浪费既大，产品又不符标准，所以第一个五年计划不得不提前一年结束，我们常至国家商店排队购物，目的在观察这种制度，结果极为失望，日用品时常缺乏。但是1926 ~ 1927 这一年中，工业稍有进步。商店的玻璃橱中陈列的物品也渐渐增加。

四三、俄国的农场

我对于俄国的农业甚为注意。我在广州时便准备要参观他们的农场。行前，刘侃元太太（我妻中学同学）送我一顶套头的蚊帐，以备我参观农场之用。

苏俄的农场分合作、集体、国营三种。国营农场只是示范性质，面积甚小，但是用机器耕种，播改良种，施化学肥料，所以收获很大。

十月革命后，苏俄政府将没收帝俄时代贵族们的土地放给农民耕作，实行合作农场制——这是改革土地分配制度的第一步，以便进而推行集体农场。农民将耕种所得，除了维持生活所需，军事共产时期，一律缴给国家，但是失败得很厉害。农民因为失掉私有财产，纷纷暴动，结果屠杀十几万人，农民仍然敷衍。集体农场的目的，在过渡到国营农场，实现共产社会，具有政治性。国家农场的理想是：土地归公，收获归公，农具由公家分发，农民只领工资，将农民变成所谓农业无产阶级。在国家资本主义之下，任何人都是国家的工人；而农民不过是国营农场的工人而已。

但是，实施集体农场之后，农业原料不能配合工业之需，收获锐减，而且农产品价格极低，工业品价格极高。于是加重了“剪刀问题”——农、工类似剪刀的两叶，背道而驰则社会主义失败，相向而并社会主义才会成功。俄共见屠杀不能使农民提高工作效率，又不能从报酬上使农民满意，毅然地发还部分土地给农民，准许他们在发还的土地上耕种副业，收获私有。结果，农民对集体耕种之土地仍然马虎从事。后来有个笑话，说是“农民站在集体农场上愁眉苦脸，站在私人耕种的土地上嬉笑颜开”。当时领我们至各处参观的人员解释说：“有些现象代表过渡时期内农民的情绪势所难免，因为土地改革不是短期内可以成功的。”农民当时流行一句口号：“拥护布尔雪维克党

（Bolshevik），打倒共产党。”他们不知两者实为一体，只知布尔雪维克党给他们土地，而共产党要实行土地国有。

无论合作农场、集体农场，还是国营农场，共产党不注意农业经营是经济性的而非政治性的；未能将土地问题重在土地使用问题，而偏重在所有权问题。偏重土地的分配，只能视为政治问题。要将土地公有化，也就发生不生产性（Unproductivity），完全违背经济原则，当然要失败。毛泽东还想越过国营农场，由合作农场、集体农场而径入人民公社，更是注定失败。

在1861年解放农奴以后到第一次世界大战以前，俄国的农业在世界上已有其地位。当时，英国工人的早餐如果缺乏了西伯利亚的牛油，将不成为满意的早餐。但是，十月革命之后，俄国农业一蹶不振，赫鲁晓夫有鉴于此，所以他要变。然而，他不能真正循着农业、轻工业、重工业的途径，还是倾全国之力发展核子武器，仍不能提高农业的生产。工业原料的贫乏，轻工业的发展有限，一般人民的生活仍苦，还是俄国发展经济的大障碍。中共近来虽然知道改进，然而忽视农业辅助轻工业，轻工业辅助重工业的道理，一味大跃进，将来比俄国更要失败。

俄国的工资低廉，农耕地面积很大，乃天然的农业国；但是农产品远不如美国。其原因在于美国重视土地利用甚于土地分配，认为农业是经济性的而非政治性的，所以大规模使用机器，提倡大农场的私有制，而苏俄因制度不能改变，集体农场再大，仍不能私有，纵令其农村电气化成功，问题还是恰恰相反。所以任何国家实行土改，若只重土地分配而不重土地利用，必搞不好。

四四、俄国的商业

苏俄商业，十月革命以后糟极了，很想废止私人买卖，一律改用配给制度。列宁曾有豪语："共产社会建立后，黄金只有充建马路上公共厕所之用了。"后来一切私人买卖均已恢复（合作社无以为济），国家商店，形同标本。可是国内私人买卖限制很严，尤其是国外贸易由国家垄断，外汇归公，商业必然落后。（可怜到卅年后还有赴联合国的女职员在纽约商店内偷帽子。）因为买卖受有限制，外汇不能私用，国内外商业都不能发展，则国内工业又何能进步呢？（核子武器并非商品）。总之，苏俄经济因制度上受有先天性的桎梏，很难进展。所以赫鲁晓夫颇欲改弦更张。

四五、我不满意屠杀青年

回到上海，我在易培基先生主持下的国立劳动大学任秘书，见杨虎、陈群枪杀青年学生，心中异常有隐忧。虽然，被杀的青年中有的是共产党，恐怕大部分还是冤枉的。固然在当时复杂的环境下，要分辨谁是共党不是一件容易的事，如十六年三月程潜的第六军进入南京，他的政治部主任林祖涵受鲍罗廷的指挥，制造轰动国内外的南京事件，抢劫金陵大学，欲切断英美与中国的关系，当时根本无法分辨共产党员的身份。淞沪平定后，蒋先生得知屠杀青年的事，即下令禁止，并成立感化院（袁同畴曾任湖南感化院院长）。即留俄归国的共产党员，亦交感化。有次，戴季陶先生至劳动大学演讲，因为他知道我是从俄国回来的，讲演完后在校长室接见我，问俄国内部的情形，我扼要地向他报告。他对于我们不加入共党组织而能回国，深感惊奇。我顺便申叙不满枪杀青年的意见。戴先生同意我的说法，他说："我也反对'宁杀一百，不可放走一个'的口号，然而有什么办法？"我说："恐怕冤枉死的太多！"他说："也许大部分是冤枉死的。"我说："在西方国家，大学生凡在学校中稍露头角的，定为某一政党所吸收。他们只要跟着一个先进，便不致误入歧途！但是，自从五四运动以后，我们这一代的青年，因为上一辈的未能开辟一条坦途，自己横冲直撞，结果惹来杀身之祸，这一代青年是无辜的！"戴说："外国青年得有前辈指导，自己知道如何奔向前程，他们是幸福的！"

我还认为我们的上一辈要负责。早年的汪精卫、邵力子等人跟着共产党走，主持留法勤工俭学的先生们，制造了一批批的中国共产党员，甚至胡适之等人的打倒孔家店也被共党利用，都不曾为青年铺筑一条康庄大道。青年人跟着他们走，结果很多却身首异处。

戴先生听我如此说，很沉痛地握着我的手说："我们惭愧！我们惭愧！希望你们领导青年时，带给他们新的希望！"我见他很沉痛，遂安慰道："戴先生，你的《孙文主义之哲学基础》、《国民革命与中国国民党》两本小册子救了不少青年。"他说："有限得很！有限得很！"当时在座的还有现任"立委"廖维藩、"国立"编译馆长王凤喈诸兄，我说话太多，占了他们与戴先生交谈的机会，迄今引为遗憾！

四六、我反对苏俄特务

我在长沙时，痛恨屠杀，到莫斯科如此，回国内还是如此。我痛恨屠杀就像痛恨苏俄的特务一样。我在莫斯科深深不满其特务制度，及其暴戾行为。我当时叹息的三复“其父杀人报仇其子必且行劫”之句。马克思在伦敦博物馆写《资本论》时，满腹的仇恨，誓要推翻资本主义，（当年马氏穷困已极，死后葬于伦敦北郊公墓，一棺土叠埋三尸，我们前去凭吊亦感怆然）而列宁、斯大林辈则近于行劫了。我到达莫斯科时，正值俄共国葬其特务头子则尔辛斯基于红场之际，心想一个嗜好杀人，尤其是惨杀同志的凶手，与国家元首——列宁——葬在一起，总有点说不过去。住久了，我才知道莫斯科是一座靠特务维持的城市。我反对苏俄特务组织，因为他们是一个流氓的秘密的组织，有秘密，便有流弊，必生黑暗。我固然反对苏俄的流氓特务，但在今日的情况下我们能放弃特务组织吗？若是放弃了，恐怕给共党吞吃掉犹懵然不知。廿三年冬我在柏林参观时，曾在同济教书的某教授告诉我，他们为对付共产特务，固然也有德国特务，但他们的希特勒青年挺进队敢于穿着褐色的制服站在明处，与藏在黑暗中的共党分子巷战，而结果击败共党。这只有希特勒的青年(Hitler's Youth)德国这种民族办得到。我并非反对一切特务制度，例如美国的联邦调查局，成员皆是挑选的大学法律科优秀毕业生。他们的调查工作，并无流弊与黑暗，国家税收与安全亦利赖之，人民称便。

四七、总角之交最难忘

我有件事值得回忆。和我小学同学的吴芳，民国九年去了莫斯科，十三年回到南京，负责共党在津浦路上的工作，适我由新加坡回国在南京国立东南大学读书，二人久不相见，常抵掌欢谈。有一晚他劝我加入共党，要我在理由未谈通之前，不要对共党具有成见。我仍然抱着一向对共党的看法，他不禁泪下。最后，他说："共产主义的世界革命一定成功，因为帝国主义之间的矛盾很多，战争乃不可避免。共党利用他们之间的矛盾，利用殖民地的觉醒，一定会成功。"他虽说得很动听，我仍未心动。忽然间我想:“英国保守党的自由党人物是当时政治智慧的代表(当时,我衷心崇拜英国的政党政治),他们会如此愚笨地制造另一起世界战争,让俄国再一次从中获利?殖民地觉醒,独立是不可抗拒的潮流——三民主义也是主张民族自决的——然而开发殖民地还是须要帝国主义的辅助,运用他们的技术与资金。是否帝国主义与殖民地的合作可以代替殖民地仇视帝国主义的流血?”我提出这等问题反驳他。他不能回答,说:“你既是如此想,我无话可说。”我说:“你我是总角之交,多年好友,无不可说的话,你答复我罢。”

他也许有同感,只说:“以后再答复你好了。”

我申叙共党的缺点劝他反共。他说既然走上了这条路,不能半途而退。我引英国皮尔(Sir Robert Peel,1788—1850)首相为废止谷物条例叛党救国的精神劝他,他说办不到。后来我在莫斯科据卜道明(与吴芳、袁同畴都是长沙船山中学学生,由袁领导到上海沪滨工读互助团而赴俄,袁则反共而赴新加坡)告诉我,他在十六年五月南京暴动事件中被杀,思前想后不无伤感。

四八、安定亚洲才是世界和平之途

我当年向吴芳提出的问题，至欧洲共同市场成立，可说得到答复。用德国的油墨，比利时的纸张，荷兰的橡小牛皮，意大利的丝带，卢森堡的胶水，由法国出版公司承印形成共同市场方案的《巴黎条约》，1952年经六国政府批准后，我曾喻为“歃血为盟”。欧洲国家由站在殖民地背上谋求本国经济繁荣互相冲突的时代，变为互相合作凭自己的努力并提携旧日殖民地的时代。这是人类史上的一大转机。如果，自由世界真能扬弃压榨落后民族的观念自求繁荣，缔造整个自由世界的共同市场，俄国自然屈服。我想自由世界的领导人物一定具有这分慧眼。我所以敢乐观地如此相信，乃基于自由世界中有自由思想，自由言论，自由创造的权利，则可以继续产生无穷的智慧，共产就不能如此。成立自由世界共同市场固然是击败苏俄有效的武器，然而不清灭毛泽东的政权，使大陆脱离苏俄，则共同市场不能立即产生巨大的作用。我这说法是有来源的：我听 Lippmann 讲经济地理课时他曾说：“世界的文化经济的发展可分五个时期：第一个时期以小亚细亚两河流域，中国黄河，长江流域，埃及尼罗河流域、印度恒河流域为中心称河流时期；第二个时期：巴比伦文化经地中海克理特岛传入希腊、欧洲大陆为内海时期；第三个时期：西班牙、葡萄牙、尼德兰大西洋航行及英国工业革命以后，海洋时代兴起，大西洋成为国际间商业的要道；第四时期：第一次世界大战以后，海洋经济渐为铁路经济代替，所以世界经济已由海洋时期转变为大陆时期——发展铁路。美国凭密集的铁路网早已连贯两洋海岸，成为世界经济的中心。”以上是他根据哈拉宾著《经济地理史纲》作的说明。他又加上第五时期：他说：“世界经济中心将由美洲飞渡太平洋，转为中苏大陆时代。中苏大陆连接，不但有众多的人口，广大的区域，主要是有各种丰富的资源。”以后莫斯科第一大学地理系教授加赞宁著的《中国经济地理》书中，艳羡中国的经济资源，势在必得。苏俄掌握了这一大片经济资源，如果开发成功，可以与西方世界长期相抗。当时我默思孙中山先生实业计划是如何的重要。回到南京后，曾写研究论文交邵元冲主办的建国月刊发表，胡展堂先生亦曾过目。陈少白先生过南京，还找我谈了一次话，承指教甚多。今日美国的政策不应该有两个中国的幻想，应该如何促成亚洲共同市场，配合欧洲共同市场作为抗俄的神圣武装；进而如何帮助我们收复大陆，孤立俄国。如此，则欧洲共同市场也有保障，人类和平才有新机。现在毛、赫冲突，伪装乎？或者毛泽东果能领导落后地域的共产集团，对抗苏俄控制的西方共产集团。（毛果欲对抗俄共，也极可能，因为谁入俄共壳中，谁也不能忍受）。民主国家，倘若幻想其分裂，有所企图，从中要要新花样，（至少英国恐难免此）则将大上其当。马歇尔想从国共对峙中有所企图，结果迫使我们退出大陆，已成自由世界绝大悲剧，美国损失亦大。西方国家再幻想不得。想吃核桃懒得剥壳，天下绝没有这样容易的事。

（以上为第三次访问，1963年1月5日，地点在政大白公馆，访问人张朋园，纪录陈三井、马天纲，整理马天纲。）

答　问

一、请谈谈留学俄国的动机。

十月革命后，苏俄成为一神秘的国家。大家都想去看看其内部的情形究竟如何？我考取留俄，父亲反对我去，理由是为什么不到欧洲。我认为当时去俄国是一个最后机会——国共合作不能久持——失此机会，以后必不能去，欧洲各国任何时间都可以去。经如此解释，父亲不再反对。广州诸好友亦是如此。

二、请谈谈邵力子。

邵力子是中国文化典型的儒者[①]，当他以国民党代表驻在莫斯科时，共产党员常常奚落他，使他苦闷不堪，可见他当时不是共产党员。有的人说他到莫斯科时才被开除共产党籍，两说都无法证明，姑且存疑。十六年回到南京，国内人士对他也不

① 邵在莫斯科经常在孙文大学旁听，也有名誉学生证（其时凡到过莫斯科的国民党要人都有）。假日常与我们上中国饭馆聊天。考中秀才后，原在乡间教书，中了举人，俗例不能再教私塾，乃走上海。任民国日报编辑很久，最后始与陈独秀交往。

谅解。当时，他曾对袁同畴说："我在莫斯科反对拉狄克之革命定义，白瑜告诉你否？"他欲以此证明他不是共产党员。他后来所为，受太太傅学文的影响很大。傅是共产党员由上海某大学去到莫斯科的。十六年南京国民政府成立，邵回国任总司令部秘书长，蒋先生是总司令。他邀我至总司令部任职，回到旧关系，我因看不惯陈立夫的气焰，加以父亲反对我做官（我家原是破产世家，父亲坚信做官者子孙多不昌达），未接受邵的盛意，走上了教书的道路。甘居"庸才"罢了。

"清党"后，傅学文被上海市党部扣留送交江苏省党部。廖维藩获得傅给邵力子要求营救的信，信中称邵为"力哥"。可见邵傅关系之深。邵力子不得不保释她，结果终身洗不清保释共党分子的罪名。

邵家尽成悲剧。他的小儿子邵志刚也是孙文大学共产党员，出身于上海复旦大学。回国后一度被捕，邵力子保他出狱后，送至法国。在法国被共产党暗杀。大儿子邵遂初也相继去世，家庭遭遇惨变，精神受打击很大。大媳妇再嫁时，他还破泪为笑地强作主婚人。蒋总统隐退之前（卅七年）他是中央监察委员会常务委员，我与之常开会见面，对时局深感忧虑，对我也曾说些私话，要我转达某人，再转达蒋先生。如果他是共产党，那种局势下又何必作态呢？

三、留学生至莫斯科，是否带给共党政府任何困难?

总括而言，给共党政府颇有困难。小事太多，不能详述。只是有两件事，使莫斯科政府最难处理：

1. 国民党员要求在孙文大学中成立特别党部，理由是我们国民党员不能因到了莫斯科而失去党部。按苏联宪法规定：在U.S.S.R. 境内不得成立其他党部。但是，当时苏俄正欲结好国民党，而国民党特别党部活动之对象乃是中国留学生，又不便拒绝。经第三国际长期讨论后，还是特准国民党在孙大设立党部，特别党部是国民党组织系统对地方党部而言，地位相当省党部。就苏联宪法而言，这是违法的。至今他们认为是一件恨事。

2. 某次，斯大林在红场阅兵，突然有一排中国学生手执红布摇喊："打倒斯大林"、"拥护托洛斯基" 等口号。当时予斯大林甚为难堪。给联共党史上添了一污点。

四、请就对苏俄之认识，谈谈苏俄对中国之态度。

苏俄对中国历来缺乏诚意，政策是继帝俄欲在东方打开天窗，故首先口头废除不平等条约，迄未实行。兹举例如下。民国二十六年夏天，中国共产党与国民党团结抗日，中苏关系因而恢复友好。外交部发表我为驻海参崴总领事。我在长沙接奉委员长侍从室交际科的电报后，冒着日机轰炸，只身赶至南京，因为我深知苏俄的作风，其中波折一定甚多，有人携眷我笑他们自讨麻烦。甫到南京，先至外交部见王宠惠部长，表示并不愿任此职，王要我勉为其难。旋至明孝陵官邸谒见蒋委员长。蒋先生指示我早点动身，多与外交人员接触，多观察，多向外交部报告。我回答说俄使馆尚未签证。蒋先生似有所感，只说："你不要管！"我说："是，签了证立刻走。"我辞退时，蒙蒋先生握手连嘱："努力。"我说："谨遵命。"并在日机警报声中离开委员长防空别墅。

和领事等人在南京住了三个月，众人忙着治装，我的支票簿原封未动，我想其中一定起了变化，即使成行，与苏俄办外交也不是容易的事。杨宣诚老师当时任军委会第二厅厅长，曾对我有不少指示，并断言日俄绝不会开火，确是高明。等南京快撤退时，王宠惠部长派礼宾司长找我去谈，亮畴先生亲口对我说：俄国不欢迎我，中俄尚无商约，总领事必待同意。我问什么原因。他说："我也不知道，蒋廷黻大使也不知道。这是斯大林大元帅直接答复蒋委员长的！"

事后我分析斯大林不欢迎我的原因，当然是我在莫斯科的一段过程。如果他抱有诚意与中国共同抗日或让中国共产党真与国民党共同抗日，又何必在乎一个不倾向共产主义的人到达海参崴呢？苏俄不只缺乏诚意，一直怀有侵略我国的野心。在莫斯科，有位教我班俄文的俄国太太，她原是俄国驻上海领事馆的职员。有天上课，她问我们知不知道 U.S.S.R. 的意义，我们回答不知。她说："美国 U.S.A 是地理上的名词，而 U.S.S.R. 是政治上的名词，没有地域性的存在，现在加入 U.S.S.R. 一共有十一个国家。将来中国革命成功加入 U.S.S.R.，称为 S.S.C.R.（The Soviet Socialist Chinese Republic）成苏联一部分，所以不是地理的名词。"我们当时还嘲笑："哪有那样便宜的事！"足见苏俄侵略中国是早蓄阴谋。

五、在孙文大学，有什么办法可分辨谁是共产党？

国民党开会是公开的，共党参加；共产党开会是秘密的，国民党不能参加，原是这样的国共合作。如果晚上自修时间某人不在自修室，又不在图书馆或研究室及娱乐等地方，一连数次如此，一定是去开共党的秘密会议。久之，他的言语态度，也可一望而知，原来是好友的也变了脸色，竟成仇敌。男女间的风波尤多。不过我们也带回几个男女同学，曾笑共党"陪了夫人又折兵。"

六、十月革命后，俄国人民的反应如何？

俄国十月革命时，民间有“俄国人背着俄国枪，听犹太人的口令，开枪打俄国人”的口号，传布至广。

十月革命后，频年灾荒，伏尔加河曾现干枯。当时描写民间的惨状：“饥饿的母亲，嚼着干的马粪，用伏尔加河底的泥酱咽下，冀图能有乳汁哺儿。”普格洛夫斯基的俄国大历史中，亦有记载。苏联一向是避免热战的。当时的人民生活困苦，极不希望有战争。

七、俄国人民对中国的认识如何？

民国十六年孙大为纪念北平“三一八”惨案，筹备中国革命文物展览会，派我为主任委员，张琹秋为副。筹备时间颇久，尝在某博物馆走廊陈列，内中并有女同学顾淑型亲身参加“三一八”游行曾染血迹的一件蓝呢大衣之类。

晚间在孙文大学举行晚会，由华侨戏班的协助，排演四郎探母的坐宫，戏中角色全由同学演出。我曾向左右前后坐着的教授们，着意尽力地将戏情口译，并试探他们的反应。其中有的说：“中国人太国家主义了。”张琹秋当时原共党干部，现为其女领袖之一。顾淑型（曾留美，为北大教授陈翰笙的妻子）

则原为国民党员，也曾反共，与我们同船返国，而今留在大陆。

八、俄共内部之斗争如何？

1926年冬，第三国际执行委员会在克里姆林宫开扩大会议。有一天，邀请一批中山大学国民党党部委员的学生前往参观，我是其中之一。会议厅金碧辉煌，设备已现代化，凡有发言，随时由几国语言的翻译机器中播出，也有不少各国新闻记者，在会场采访。主席台上，只有三八妇女节的发起人蔡德根，列宁夫人枯鲁布斯卡雅，与日本共产党驻俄代表片山潜等数人。会场秩序乱糟糟，情形又十分紧张。这次会议是紧接着俄共十五次党代表会议而开。（第三国际会议是形式，俄共会议才是实体。）主要议案是为了整肃反对派。因为1926年托洛斯基、季诺维也夫、加米涅夫等新旧反对派已结成联盟，声势浩大。此次会议后，斯大林即开始残酷地打击托洛斯基派。我们既非共党，又是外国学生，能参观这种会议是千载一时的机会。当然我虽然十分注意，可是会议的内容俄共并不会让我们弄清楚。

第二年，国民党“清共”后，俄国老布尔什维克在列宁格勒集会，痛斥斯大林领导的错误，被斯大林的特务埋伏了定时炸弹，老布尔什维克的人士受伤不少。还有回到莫斯科脸上贴着橡皮膏到孙文大学找拉狄克校长的，我们曾亲眼见过。

九、自修大学为何?

所谓自修大学，有名无实。长沙原有船山中学一所，是纪念王船山（夫之）而设，校址为旧曾文正公祠前侧一部分，（后侧一部分为曾宝荪先生创办艺芳女学），附有船山学社，为师辈们研究船山学说阐扬民族思想而设（我曾从吴芳在该校住一寒假常听人讲学）。船山中学后因经费不济，无形停办，有人冠以自修大学之名住在里面。民国十年初夏，萧瑜重往法国，我赴新加坡时，所谓自修大学诸人茶会送行，我有致词，毛无反映，还是萧瑜送我出门，我所知自修大学如此。

一〇、向警予怎样一个人?

向警予是中国共产党最优秀的女党员（文章、道德、人品均高出一般男党员之上）。民国五年毕业于湖南省立第一女子师范。向父为官宦之后，家道颇好，可惜当年国内大学女禁未开，她标准又高，以为赴法勤工俭学真可读书，彼在一女师时（早余妻三年毕业）写作俱佳，有领导才干，同学皆折服，言行端方，品态安详，并有圣人之称。她留法回来，对余妻仍视如己妹，绝口不谈共产，并劝其不留上海，升学南京东南大学，甚赞该校校风诚朴。我在莫斯科见她已言行异常，我问她何以后来与蔡和森不睦，她答以“内心矛盾太多”，未言其他。闻她在汉口被杀前[1]，生活更乱。她是个时代的牺牲者，如果她不往法国，由国内大学循序而上，以她的聪明和气质，今日必是一大学者。

一一、杨开慧又如何？

杨开慧死得冤枉。她是杨怀中先生的掌上明珠（与余妻小学同学），十六年毛入江西，开慧只得回依娘家为生，何键谓其奉命入湘指挥暴动，杀之。湘人皆呼冤枉。盖杨为一弱女子，肺病在身，完全是个高级的千金小姐。湘中父老曾有“欲加之罪，何患无词”之叹！杨怀中先生一生严谨，儿子开智不成才。怀中先生最伤心者，开智妻李宗英，在赴北京预备勤工俭学队中已与李立三重婚。杨先生早死（十一年），未见其女被杀，比邵力子先生为幸！

一二、毛泽东的祖坟被掘确否？

确有其事，说来只是一笑话。何键是个旧式军人，误信风水，派其保镖队长龚澍（号重荪，码头工人出身），率领大队人马掘毛泽东的祖坟，连带彭德怀的祖坟一起掘，且已宣扬甚久。

① 向警予赴法前在家乡创办女学，成绩斐然。武汉“分共”前，向领导工人运动，生活极苦，有同学见她天热还着夹衣，为她换上单衣，颇感飘飘然。“分共”后，向逃入汉口法国领事馆，被引渡枪决。

湘潭县城至毛家乡韶山村之间，有狮子山，毛家有祖坟葬在狮子山头，俗传风水极佳。龚队去时，既大张旗鼓，又先掘彭家坟。其实，事前毛族闻讯，已将该冢墓碑移置某孤墓前，龚队所掘，并非毛家坟墓。掘开时，白蚁群飞，皆系红头，乡民传为“共党满天飞，天意也”，为此大失人心，智者笑其愚，愚者迷信更深。湖南文风很盛，北洋军阀蹂躏，余恨未消。湖南人口头禅“老子不怕邪”，不吃硬，要讲理之意。不仅何键被湘人目为军阀（何且为秀才出身），以后张治中火烧长沙，被杀头的替罪羔羊又是湖南人酆悌，薛岳的自命岳飞，彩排湘剧，剧名薛将军三战长沙，真名真姓“本帅，姓薛，名岳，字伯陵”的演出，自己请客观赏，湘中妇孺亦笑其愚妄。湖南、四川（文风亦似湖南）两省，共党干部特多，久受军阀统治，引起反感，关系很大。我辈青年时期，对北洋军阀的作风，无不忿恨。三十六年竞选立法委员，我去到选区汉寿县时，同盟会员、老国会议员曾毅老先生（前北大教授，著有《中国文学史》，商务印书馆出版）托人找我，视我如己子的长谈，（曾老先生的儿子曾夔夔，女婿周宗莲两博士，皆我国内或国外大学同学，曾老先生是我原拟首先拜访的长辈），痛言湖南被旧式军人统治之患。他说：“彼辈统治湖南日久，贪污且不待说，而装腔作势，无所不知，上至天文，下至地理，只有他们说的没有别人说的，实在讨厌，太失人心。举个例来说，薛岳治湘，现成的三民主义不讲，偏要大唱他的什么安民、利民、足民、便民的四民主义……”他要我回京转达中央，我只能眼泪倒流地唯唯，乃以宪政开始，情形将要大变慰之。并说明蒋先生已送很多青年军官往欧美学习高深知识，他听了喜笑颜开。

一三、抗战时期留俄同学如何相处？

七七事变后，中共与国民党合作，共同抗日（西安事变中斯大林已有的安排）。换言之，抗日完毕，共党可另有活动？我随政府撤守南京之后，转进到武汉。记得二十七年春夏之间，报载一段新闻，日本外相领伪满洲国总理晋谒西园寺公，初拒见，最后被迫接见，西园寺公只说了：“中日战争已到不可收拾！我还有什么可说？中国完了！日本也完了！”再不开口。我当时常宣传此语。我想中共最高兴此语。某日在武汉的留俄同学大开聚餐会，包括孙大、东大及各军事学校同学，到了百多人，共党首脑人物，有周恩来（东大）、董必武（东大）、陈绍虞（中大）等人。座谈以回忆往事为多，情绪热烈，但很少涉及实际问题。闲谈时，我适与董必武同坐一沙发，我曾问他对西园寺公的话看法如何？他说未见到报。随后寒暄到徐特立（徐也是我的教员，他与董有很多相似之点，都是盲目的前进分子、胡涂好人），他问我与毛泽东旧日的私交如何？我答：“很坏！”我问他毛润之是否在抗日期中会袭列宁故智，利用国家多难，发动对外战争，在对外战争的过程中，转对外战争为对内战争，夺取政权，向敌人媾和，稳定政权？他说绝不会，我们一定抗战到底。当时我正被苏俄拒绝驻海参崴总领事之后，共产党人都很注意此事，我们不能再谈下去了。散会时，大家争相握手，互道“再见”。以后在重庆，我避免与共产党人见面。毛泽东在重庆，湖南同乡茶会欢迎，我亦未去。据说他曾到沙坪坝中央大学找旧日第一师范同学熊子容教授。也有人要为我们约谈，我亦拒绝。

一四、共产党的前途如何？

这个问题，好像很复杂，其实也可以简单化。马克思发表《共产党宣言》乃至《资本论》出版的时代背景，与今相较，虽不过百年，而悬殊则极大。20世纪以来，社会本质的变化太快，谁亦不能固步自封。苏俄必须改弦更张，才可生存。我们在孙文大学时，讲经济学门的教授们，不论其是否共产党员，总要用阶级斗争是社会进化原动力，做经济发展的依据。我们几个青年学生只浅显的知道经济学是为满足人类欲望，推动经济发展的是欲望。曾天真稚气地问过教授，共产主义实现后，社会还要进化否？那时到了没有阶级斗争的社会，用什么来替接这原动力？教授们皆一笑置之，遁词过去。这个问题，虽然是我们稚年时期提出的，至今的看法未变。要在理论上扯来扯去，大家徒逞雄辩，问题是很难有结论的。马克思的理论，在学说上自然有其地位，打倒了殖民地主义，亦不为无功，如要用此一家之言，解决人类的一切经济活动，那么马克思主义连学说性也都失去了，学说绝非教条也。

苏俄与中共的分裂，是假是真？半假半真？或弄假成真？我们都不必太重视。总之整个世界已临困惑，资本主义虽经逐渐革新，并未登峰造极，共产主义确临穷途末路。与其说赫鲁晓夫有其聪明或者良知，已知回头是岸，不如说他们是由经验得来，认识了共产制度阻碍经济的发展。维持人类永久和平，尚待一种新文化的产生。十年来我向往基督教，受洗礼已七年，初意是免除政治上的烦恼，求个人心灵上的平安，颇有所得。继欲视基督教义为一种救世的文化，至今我知道的太少，世人亦尚未将主宰宇宙的神力探求清楚。我国古代文化，已集大成，礼运大同之治，应有循之万世皆准的功能。惜乎汉唐以后，不但没有发扬，而且未免窒息，以致赶不上近代欧西文明，乃至对本国文化的研究，已赶不上外国人。我们应该竭全力研究祖先遗产，贯通西方文化，举世合作，倡造一种世界性的新文化，借以维持世道人心。

共产党倘能放下屠刀，堂堂正正地与民主政党在议会中，各抒所见，待众取舍，不无存在的余地，至少可为社会福利执言；否则在各国议会议席已经锐减，必将绝迹。我们在孙文大学见俄共自考茨基为修正派，肆口大骂为叛逆时，曾大胆地比较赞成（在我们的立场，应当说是容忍，容忍是民主政治条件之一）德国社会民主党所探路线，弄得俄共啼笑不得，莫奈我们何（因为我们是国民党员，假若共产党员出此，则遭整肃）。同时我们也曾预言，苏俄如不改弦更张，必自取灭亡。至于中共，对俄称臣，固可开发经济，始终是苏俄殖民地。我们在孙文大学见到陈绍虞等的洋奴作风，我曾笑谓：“我们面孔是黄的，这是唯物的”，同时见到俄共对中国人骂日共、印共、韩共，及各有色人种。中共如不愿称臣，苏俄绝不让其长成，必先杀婴地消灭毛泽东及其势力。在第二次世界大战以前，我在西欧，常闻英、法深悔没有早日乘机消灭苏俄共党政府（第一次大战德国投降后，莫斯科曾受英、法联军包围）。坐视其长大，以贻大患。苏俄最懂得这个，绝不让中共长大，将来形成威胁。自由世界的大国，更会作如此想，否则苏俄与中共真的平等合作，发展经济，自由世界的前途困难更大。我们的反攻大陆更是举世安危的关键所系。

附录一、湖南第一师范与校长易培基

湖南省立第一师范学校，因校长易培基的创新，学生毛泽东的革命，被称为新潮学校。我民国四年秋季考入肄业，其时汤芗铭督湘，对国民党人当天大肆屠杀，又逢日寇迫我国签订廿一条之后，少年离家，心情动荡，报国雪耻之念，油然而生。入学之初，即往北门外甲种农业学校凭吊彭文超烈士纪念亭，彭君亦将及弱冠的中学生，感于廿一条的国耻，愤然抱石投沉湘江，遗书数千言，痛斥倭寇无知野性，破坏东亚和平，唤醒国人誓雪奇耻。其遗书、遗像悬挂纪念亭中，吊者无不心伤。我本生在没落世家，深恶满清腐败，父亲为维新派分子，曾教我以立宪改革的大义，此时我倾向革命党派了。继而袁世凯称帝，云南起义。民五暑假返校，参加省垣讨袁死难将士追悼大会，大门悬挂“袁逆天诛功归上帝，汤屠活走罪在我们”对联。以后张敬尧督湘，更是愚妄。我们在校教员多革命党人、学生多追随之。五四运动事起，我即开始参加政治运动。如谓湖南第一师范严教严管，而又革命气重，较为允当。

一、学校概况

湖南省立第一师范的前身，科举时代为城南书院，地址长沙南门外书院坪，位于妙高峰下，校园广阔，风景亦佳。前清废科举设学校，改为公立中路师范，有别于设在常德的西路师范与衡阳的南路师范。民国成立，顺次改称省立第一、第二、第三师范，并开办省立第一、第二、第三女子师范学校。民前三男校保有书院制，即中路师范之附属小学，亦全部官费，食宿书籍外，另发零用钱，现在台湾的酆裕坤教授，即出身于该附属小学。长沙城南书院之上，还有岳麓书院（鼎革后改为优级师范学堂，即今之湖南大学），系全省最高书院，历史甚早，宋朝张拭、朱熹皆曾讲学于此。长沙的城南书院属于湘江道，常德的德山书院、衡阳的某书院，皆属于道。各府、各县皆有书院。以后改为府中学堂与县立高等小学。例如左舜生、田汉，皆出身于长沙县立师范，有别于省立师范。民国二年春，国民党政府创立第四师范一所，招收全省学生，校长陈润霖先生，旋被汤芗铭解散，学生三班并入第一师范。毛泽东即由此并入。

第一师范的校舍为旧时的书院建筑，民前长沙饥民之乱毁于火。民国二年始修复落成，改为两层西式洋房，与台大文学院同一形态，分办公楼、图书馆、大礼堂（又称雨操场）、大饭厅外，有教务处、课室、学生自修室、寝室、盥漱沐浴室、特别教室、手工美术教室。(当年为全省学校最大最新式的建筑，乃至超过几所高等学校与教会学校。)各种建筑，皆有走廊相连。校内交通雨雪无阻，四周围墙，后面大操场建于妙高峰上，前面铁门之外有新式马路，铁门内球场花园几处，亦具规模。所谓自修室，是现在学生没有见过的，并非利用教室。所有教室，除上课外都空着。自修室每间只坐十二人。自修桌如今之办公桌，有抽屉，置教科书及练习本者。另外书柜成排，每人一个，置参考书者（略备经史子集）。寝室大楼两座，每座楼内又分室百余间，每室只睡六人。每人一床，床之两端有抽屉，置换洗衣机者。其他衣物放储藏室，每日下午课毕开放一次。睡床上有架，很高，挂旧式蚊帐用者。每间寝室，只对面各置油漆高架床三铺，无书桌，亦无上下铺，中间走路，两端一为门，一为窗，无杂物。寝室仅为就寝用，其余时间，总门上锁，由专责清洁整理工人掌握，其权颇大。

我在第一师范时（毛泽东亦在），校风严肃、纯厚、沉毅，校训为“公诚勤俭”。学生生活朴素。读书气氛甚浓，校规綦紧，起寝均有定时，秩序井然。即用餐非排队而无法鱼贯入大食堂，各自盛饭后，伫立固定席次，必待主餐人（经常是校长）入席，方可坐下举箸，亦无口令，六七百人始终在鸟雀无声中进食，气氛静美，值得怀念。食堂内有“粒粒皆辛苦”的横匾，餐餐在望。还有由自修室到教室走廊挂着“学然后知不足，教然后知困”之类的竖屏，以及教务处前高悬的“公诚勤俭”校训，都是每日起居、操作随时可见的格言，在在使人警惕。当时教训合一，教务处设学监数人，由品学兼优而孚众望的教员专任，生活起居与学生同进退。早起、晚寝点名，学生入寝后十分钟熄灯，不敢再有言语，违者巡查学监必入纪录，操行记分，与学课并重。学生一律住校，着制服，膳宿、制服、书籍、课本全部由学校供给，学生可以潜心读书，教员督责亦严，责任心亦重。例如省长老翰林刘人熹先生，每周到校兼任新生修身课两小时，每讲“临财毋苟得，临难毋苟免”时，详加解释，又带领全班三复背诵，且掬诚叮咛学生，将来遇到此种情况时，一念曾有高龄的白发老人如此如此，即得之矣。老师中此类故事，常有传颂。学生功课，每日八小时。前四年国文（内容包括甚广，涉猎经史子集），每日有两小时，每周另加作文两小时。英文每周四小时，分四年教完。其他如中外史地、物理、化学、博物、伦理（修身纯用国学材料伦理及于西洋）、心理、哲学、教育学，每科每周两小时，各分一年教完。大体说来，那时师范五年训练，对于文科略具基本知识，如欲进修，不无门径。正为民初几位师范毕业生，后来竟成大学者。但以此自大，不勤进修，则误终身。苟效半部论语治天下者，更大祸国家。

二、教师阵容

袁世凯死后，孔昭绶（竞存）复任第一师范校长。孔先生是留日学生，同盟会会员，前任校长时，汤芗铭督湘，孔被缉拿，原是坐待被擒赴难，因在校教职员苦劝，学生又拟对缉拿人员暴动，迫得孔氏到讲义室更衣，化装油印工人，得免于难。且有一说，缉拿人员也许有意放过。事后孔氏含泪离校，全校感动，有人放声哭。孔校长生活严肃，理学家气重，学生皆敬畏之。彼处理校务一切认真，尤其聘请教员，必限于品学兼优、诲人不倦者。凡是名家，必延聘之，或礼待之。例最知名的杨怀中先生，萧瑜在《我与毛泽东》书中，言之已详，兹不赘述。相反的，要求来教者，即是名家亦有遭拒绝者，例如知名的经学家叶德辉，曾骂孔为何不请他，孔只云“你自己知道”。有谓汉学与宋学之争，非也。易培基、易白沙两先生则受孔礼遇。乃因叶先生研究女色，过分张扬。其他如功名探花、才华甚高、风雅自赏的汪根甲先生，都在校专任，高等师范反系兼任，要皆回应孔氏办学认真的作风。他们的生活优沃，孔不加要求，自己则生活一向朴素。那些名教员来校授课皆乘私备呢轿，穿着华贵，在教员室里似有比赛风采之态，我们常窥视之。乃至他们的轿夫，亦有比赛神气，我们常溜到大门前轿厅，和他们胡聊，试坐轿子，抬起来轿杠有弹性、有音响，坐其上，心畅耳悦，有飘飘然之感。

国文教员为校中教育的主体，除汉学、宋学、词藻外，有一位专重子书的袁仲谦（吉六）老师，书法亦极佳。我班初入学的第一年（预科）即受他的习字训练，以永字八法开始，端坐与握笔的姿势，均极严格，尤其不假辞色，巡视坐位之间，稍错则厉色斥之。袁师籍隶湘南道县，为船山学派巨子，随第四师范合并而来毛泽东的恩师，一直教他五年。诸子之学毛最饶兴趣，所以毛在北大随李大钊在马克思主义学会谈各派社会主义时，谈得上来，很受重视。我班国文老师变换太大。同班同学在台者有凌碧如教授。唯英文教员杨宣诚先生（省政府交涉署长），任教时间最长；数学教员李希易先生（旅美巨贾李国钦先生之胞兄）教算术、代数各一年；王正枢先生教几何、三角各一年；易白沙教本国史一年。这四位老师（坐轿衣着也很考究），授课写黑板、工楷、美丽而迅速，似有特别功夫，教态严肃。有关教育那一套的课程，杨怀中先生回北大任教后，教育部介绍山东王长平博士来教，王先生一派洋化，以国文较逊，讲书欠佳，但和学生玩在一起，是新的开创（打球之类）。至不坐轿且爱走行的老师，则只有徐特立一人。这些先生多系同盟会会员，所学、所事，各有千秋，对学生极负责，不仅教之严而且诲之切，至今怀念，感佩无已。师道的尊严，也是孔校长最重视的。记得抗战前，他应戴季陶先生之邀请，到南京任考试院参事，我往谒时，已在大学教书，他依然谆谆训诲，感叹第一师范校风的不变。我对孔师执礼甚恭，他则携手送我出大门。

老师中还有一个成了谜的人物，他是王邦模（季范），毛泽东的亲表哥。毛之由耙粪村童到长沙读书，最后考入第四师范，一切由王先生的负担、费力、费钞，不是易事。王原为第四师范学监，合并第一师范后，又是在学监时间最长、权威最大者，其认真之处，例如有学生文某，晚上点名后逃出外宿，次晨返来，王学监已睡在他床上，照例开除，王又力保，痛加训斥，留校查看了事。以后我们有些同学在东南大学读书，王先生因公出省，必绕道到南京看看我们。记得十三年夏，鼓楼月夜茶叙一席话，他是反共的。北伐后，他在长沙任业怡中学（国民党老窠）校长时，在学生周会有云："布尔'杀'维克，奸诈复残贼，同室干戈起，不亡何可得。"布尔"杀"维克，苏俄内哄一向如此。王老师秉性刚直，不屈不挠，王由反共而社会贤达，进而掩护共党，确为事实。加之他与毛的关系，王海容又系他的亲孙女，早就被人指他为共产老党员。来台之初，即有与王、毛小同乡又在长沙同事甚久的反共老将告诉我，王非共党，仅系民协代表之一而已。据我想如王往昔是秘密共产党员，资格当然很老，在党的地位上，纵不能比之徐特立，总不该比一师同学何叔衡差得太远，何以默默无闻？共产党事，固谁也难说，王是否共党，一般人始终是个谜，王认识布尔“杀”维克，则我确信。

三、校长易培基

易培基（寅村）先生，是第一师范教国文时间最长的老师，治汉学的名人之一，与章太炎、叶德辉等素相往还，新学出身于湖北文普通学堂（陆军官校称武普通），并非冬烘。他并未教毛泽东。每教一班，一直五年到底，自由地区他的高足，恐怕只有在香港的彭国栋，与在高雄的傅清石（曾为寅师之入室弟子）两人而已。易老师接任校长，是在民国九年秋季，要算第一师范的新纪元。例如他开放学生在校演话剧、组织剧团、亦名“射新”学艺社，自兼社长（我为社员之一）；请中外名人到校作学术讲演，杜威、章太炎、蔡元培、张继同时同来；开放女禁，丁玲等女生转学前来，连他自己的女儿漱平（李宗侗夫人）也在内。中国中等学校有女生，要算浙江第一师范（校长沈定一）、湖南第一师范创始。更偶然的，浙江第一师范出了学生施存统（即施复亮），湖南第一师范出了毛泽东，同是中国共产党创始的青年代表。至于毛泽东攀上易老师，是民国七年北洋与湘军一撤一进，省垣秩序大乱，开始抢劫，易老师偕弟白沙先生恐校舍再毁于火，乃同步行到校，适遇我们少数原已参加志愿军的同学未逃难，两位老师同声问我们:“何以未逃?”并含笑说:“你们有志气！跟我来！”白沙老师更是手持上课铃大摇特摇，集合了数十人到教室训话。白沙老师（同盟会会员、南社分子），大谈其辛亥革命时，他在安徽任第一师范校长，率领学生军保卫安庆市的英勇故事，激发了我们的热忱，如法炮制起来。白沙先生名坤，字越村，参加辛亥及讨袁诸役，国父器重之。民十端阳日在广州陈村乘舟蹈南海而死，因其忧愤国事，政府筑衣冠冢于海滨，以纪念之。

我们志愿军，原有来复枪六十支（无子弹）我们乃分班持枪在大门铁槛杆内站岗，不料反而惹起了流氓地痞的注意。某晚毛泽东警觉到不妙，我们数人集议，无计可施，毛突然想到后山青竹,经厨房各持菜刀上妙高峰,刀辟竹竿成尖,大声叫“好了”，砍下青竹数十杆，下山排成梭镖队，流氓含笑而过，一夜无事。次晨，易老师兄弟见了，皆叫绝，对毛已表惊异。继而我们常到易公馆，听到两师议论不凡。

民国八年五四运动后，秋季开学，毛由北京赶回长沙，发展新民学会，适逢督军老粗张敬尧召集学联代表训话，出言无状，触犯众怒，我是代表之一，见毛也在队里。事后毛乘机扩大风潮，发起罢学驱张运动。某日学联会总表决的前夕，我校各班代表会议，预定罢课与否，我任主席，举手表决时，毛亦在其间，我指出毛非班代表（民国七年已毕业），于是成仇。结果次日学联会表决因时近冬季大考，次等学校代表人多赞成罢课，毛乃胜利。罢课后，他又活动到与寅师同走衡阳，由寅师与谭廷闿先生有交谊，寄居马嘶巷，赖吴佩孚掩护，此时吴因未得湘督，赞成罢张，与湘军有所联络。九年夏张逃，谭先生返湘，寅师接长第一师范，委毛为附小主任，由是在长沙大搞特搞起来。

易培基校长到广州之初，为谭延闿先生湘军中上宾。继而到杭州策动卢永祥革命。十三年由广东大学校长邹鲁先生委托，奉孙中山先生大本营委任状，为庚款分配事到北京，并持有汪精卫介绍信，向国民党人士多方接洽，此时方与李石曾先生见面。其为教育总长，是顾孟余举荐，以后同遭通缉。顾南下，易由石曾先生邀同避居东交民巷，结为秦晋之好。寅师出自官宦世家，嗜好古玩，颇有收藏。幼时封翁外出任官，与白沙先生一同随侍，见识广大，通经世之学，绝不是非难者所称一介寒儒，由中学教员一跃而为总长。廿二年，故宫古物涉颂，迄今为悬案。寅师匿居上海时，我曾晋谒于法租界，谈次，他仍持老调“故旧之交，不可隙终，国家体面，不可尚气”，作为结论。我因出国在即，只见一面，不料永诀。但我已深知寅师多是“替人受过”。以后得见李石曾先生手书，勉示侄媳漱平女士的亲笔，有云：“吾人间以政治为万恶之源。此说亦寅兄所赞许，惜未能超脱恶潮之外，而潮中魔鬼，亦赞同吾说者之一，怪哉！”我亦怪哉！李先生可以说未做官，而能说已超脱政治恶潮吗？此一悬案，治民国史者，应将全案仔细研究，然后分析，以公诸国人，不可偏颇一隅，有伤公道，有垢史学。故宫讼案以前，寅师在上海江湾住宅过生日，必招我们在沪上大专教书的几个旧日学生，如陈书农（五四运动我随他同为学联会总代表）、熊子容（毛泽东造访于重庆中大者）等数人，与他家人同餐，谈到宦海辛酸，已有所感，曾叹不如享受书生清福。那时他正是身兼农矿部长、国立劳动大学校长。易先生逝世，吴稚老的挽联：“最毒悍妇心，沉冤纵雪公为死；误交卖友客，闲官相攘谋竟深”，固已点睛，但未化龙。慈禧貂皮大衣，仅系导火线耳，我非学法，亦不治史，无以报师恩，惭愧！惭愧！

（原载《传记文学》第二十八卷第五期）

附录二、湖南五四运动、驱张运动

湖南古称蛮荒之域，地处中原、南粤之间，古代固有文化的抵抗力弱，近代西方文明的输入较易，可能蔚为一种勃兴的潜势。清末曾、左、彭、胡，先贤辈出，谭、黄、宋、蔡继之，地灵人杰，民初原可崛起，能成大业。我幼时常听长辈持此论调。来台后，某日政大教授李子欣兄谈及，他在长沙雅礼中学读书时，五四运动之后，曾约农先生作此讲演，更有科学方法的分析。谁料到后来闯出一个毛泽东，兹就彼之举五四运动、驱张（敬尧）运动两事，略述之。

一、五四运动

辛亥革命，我在县立高等小学，歌唱：“八月十九（阳历十月十日）武汉起义军，星旗九角（十二角是以后加成）临风飘，湖南先响应……”民国四年秋，我入省立第一师范，又歌唱：“高丽国、琉球岛，有澎湖与台湾都被它鲸吞了！……这国耻，几时消！”那时袁世凯卖国，五月七日日寇提出廿一条，五月九日签字，统称“国耻纪念”。湖南省立甲种农业学生彭文超，诗礼世家子弟，遗书万言，抱石投江（湘江）而死。该校设亭纪念，展览彭君遗照、遗书，湘人悲恸历久。加之民二汤芗铭（铸新）督湘，屠杀革命党人太多，且用酷刑，例如以麻布袋里革命青年，淋灌开水，逼供致死。我们闻知，无不切齿。民五洪宪失败，汤芗铭先独立，后出走；暑假后，学校开学，省垣各界联合在烈士祠（原曾文正公祠）前门广场，举行讨逆阵亡将士追悼大会。门首有联：“袁逆天诛，功归上帝；汤屠活走，罪在我们。”湘人向好文墨，此次竟以白话出之，盖当时报章广载徐谦先生历久祷告上帝诛袁的新闻。接着黄克强、蔡松坡两先生先后国葬长沙名胜岳麓山上，我们参加与祭送殡，亲见各国使领馆代表齐集长沙，着大礼服，步行石板街道，横贯长沙城，渡湘江，恭葬英灵，仪式之盛，亦可称“佑启后人”乎？然而给青年人的影响至巨。此际北洋军阀南征，国民党军北伐，长沙事变频繁。五四运动事前，正是军阀张敬尧蹂躏湖南之时，虽然屠杀之风稍减，而愚妄可恨，则有胜于汤。毛泽东已于民国七年暑假毕业第一师范，前往北京，五四运动事起，湖南响应甚快，彼乃遄返长沙，参加活动，发展“新民学会”，扩大事态。那时我在第一师范本科三年级，某日晚餐后，自修时间，群集大礼堂开会，四年级（应届毕业班）同学陈书农主席，报告北京五四运动事发经过。大家讨论热烈，不少高论，我情不自禁，发表意见，忽然扯到意大利建国三杰，喻孙中山先生为中国马志尼，黄克强先生为嘉里波底，宋教仁先生为加富尔，哀黄、宋之死，望继起有人。不料选举出席省垣学生联合会代表，陈当选第一代表，我为第二。

学联会成立，假省教育会办公。各校代表第一次开会，即在省教育会大礼堂举行，决定事项：包括罢课、罢市、游行、讲演、抵制日货、检举汉奸；各学校非代表同学活动更为广阔，例如组织十人团，推行全民抗日救国运动，使得长沙全市顿现悲恸气氛，游行、讲演、观众、听众，多有泪下。柳克述剑霞兄亲身经历，将另有记述。第一次学联会集会由发起人一之的徐庆誉主席，当晚各代表返校，分别向同学报告会议经过与工作推行计划。第一师范到会同学，人数大增，教职员亦有在场赞助者。群情激昂，讨论争先恐后，发言有声泪俱下者。例如举行绝食，泣请北洋政府对日宣战，良久，始能冷静下来。有人提议组织班代表会议，每晚检讨工作的进行。学联会且为推动全盘工作，设有文书、总务、交际、调查等组，并网罗各校非代表同学，常川驻会，分组办公。各代表和同学常在教育会门前广场，对民众作通俗讲演。且不时延请名家到会讲述古今中外青年爱国运动，以及普法战争、日俄战争的史迹，激发全民忠义，且有人断言，中日不免一战，侵略者必败。暑假学联会也有人留守。记得暑假我返县主持救国会务，省垣学联会文书组杨胄戡同学，常有信来，联络指示。我的父亲，极为欣赏，有云:“此人诚勤笃实,可以交友。”学联会常川驻会办公的同学，以长郡、明德两中学为主干（长郡人多,明德地近）。杨胄戡兄，以后留学日本，改名“宙康”。十四年他在国立广东大学（中山大学前身）教书，相见甚欢。但他属国家主义派，我赴俄前，也曾对国事有激辩。以后听说他已属国民党西山派，再后，则不知名了。其他常川驻会办公中人，如任弼时等等（李维汉、李立三、萧劲光也曾出入其间）已被毛泽东吸收为新民会分子，进而共党了。李立三原名隆郅，萧劲光原名道成，任弼时原名培国，任、萧皆出自长郡中学，某处记载不实。起初学联会分子皆系各校极单纯的爱国青年,暑假及以后,就复杂了（后详）。当时学联代表阵容，据我的记忆，高等工业专门学校有柳敏，高商有易礼容，雅礼大学预科有陈纯粹，湘雅医学院有张维（后为省政府卫生署长，掩护共产党），法政专门学校有徐庆誉（现居美国，前年有八秩诗集寄我），长郡中学有彭光球，明德中学有黄少谷（在台），甲种工业有何孟雄，甲种农业有张农，岳云中学有黄英，船山中学有袁同畴（在台），长沙县立师范、省立第一中学、妙高峰中学、兑泽中学、楚怡工业、修业农校以及公私立男女职业学校等等是谁，一时想不起来了。女生代表，有一女师的缪蕴辉、谭惕吾，周南女中的周敦祥曾在南洋大放光芒，劳启荣（许德珩妻）、魏璧（周炳琳妻），在校有周、劳、魏、荷叶、莲蓬、藕之称，不知谁是第一代表。福湘的刘湘英，艺芳的唐冰瑜，女子蚕业讲习所的李思安。

暑假期中，各校同学分返各县，扩大抗日救国运动，全省一致，民气沸腾，遍及乡村，乃致酿成驱张（敬尧）运动，这是与他省有所不同者，且待后详。兹仅述当年各代表中原来反共，而以后与我来往较多，但未来台湾者，用以代表此一时代青年们的演变。

①陈书农号启民，在第一师范原为毛泽东好友，毕业后，与毛闹了一阵，再不往来，入国立广东高师专心读书。十三四年我们在广州碰头，他还说“不搞革命”，经该校选送留法，在巴黎大学专习心理。竟又活动起来，直隶汪精卫的改组派，“九一八”时期与留德的梅恕曾等人，在上海伙办《革命日报》，从事秘密活动，但反对大世界会议。汪组阁，他们随入南京，又与改组派在国内有汗马功劳的实力派闹翻。陈曾对我说是为了反官僚。抗战期中，未随汪入南京，抗战胜利，同在南京国立政治大学教书，旁观一场风潮，使他又趋消沉。别时他说还乡教书终老，靠太太行医，专心变态心理，其经过，友人中郑

彦棻兄知之最详。大陆“沦陷”前我与陈又在广州街途相遇，他是代表湖南大学接洽经费，苦经亦多。我问他何不到台湾，他说：“何处是归程？不再逃了！”我们又谈到顾孟余先生在香港组织“第三势力”事，他问我：“见顾先生没有？”我说：“没有，你我都是尊重顾先生个人的。不过李宗仁是军人之尤者，而且顾先生现在招收的都是些英雄好汉，两雄相厄，何况众多；英雄太多，天下必乱。”他大笑，又问我告诉顾先生没有？我说：“只向好友吴干兄谈过，无法转告。”相视而别，彼此黯然。此人知识、智能，均非平凡，但自立崖岸，不愿迁就，宦海浪里，注定失败。

②彭光球号石年，以后单名湖，长郡中学的首席代表，反毛、反共。长郡教育严格，人才众多。湖南共产党员，亦多出自长郡、一师两校。彭光球继入国立东南大学上海商科，联络南京校本部湖南五四运动同仁，发起组织“自强学会”，隐名“stick society”，取意大利“棒喝团”之义。十四年暑假，他到南京选课，知我拟返广州黄埔军校服务，特约几个五四运动老友吴绍熙（以后留日，同在上海暨南大学教书）等人，同在校园梅庵六朝松下月夜长谈三次。翌年我赴俄时，他偕同徐柏园、刁培然（有子成名）到达广州，我只与彭匆匆一晤，互道珍重。他们旋入“中央学术院”。北伐后再晤于南京，他在中央党部任科长，不久被选派赴美留学，回国自己设法进入金融界，一帆风顺。“沦

陷”前他任中国银行南京分行主管，我们过往较多。他对金融界的黑幕，常诉苦经。“沦陷”后，据闻他在香港小住，被自强学会变为共党的亲友邀返大陆。

另有何孟雄，岳云中学校长何炳麟之侄，倜傥不群，可有作为。后入北大，不幸误入共党，更不幸地被国际派出卖告密，被捕处死。那时他在上海租界，我们见过一面，谈五四往事。其他心照不宣，最后他由衷的问“陈绍禹如何”，我规劝他“当心俄国洋奴”，顿成永别。

二、驱张运动

湖南五四运动，由于各校学生返乡，大肆活动，如演讲、演话剧、惩治对日贸易的奸商，甚至有捉其游街示众的激烈举动。县政府不敢犯亲日的危险，不能干涉、也无法控制，自然早有报告到省政府。暑假期满，学生返校，省政府不免恐慌。督军张敬尧，乃召集各校代表在省教育会训话。某日下午一时，我们由围墙大门通过广场，路旁武装士兵左右排列，以枪头刺刀交叉，我们陆续垂头经过，齐集礼堂。守卫人员嘱咐静侯“大帅”驾到，达一小时之久，始见张大帅着荷花色厚杭纺便军服，由舞台上出将入相之门出现。作尽姿势，开口说话：“国家大事，由政府负责，你们爱国可嘉，但‘学生子儿’总得以读书为主，我代表你们的父母，要你们好好地听话……”他也曾提到少年失学的悲哀。接着一转“你们不听我的话，我就杀你们头……”（联合报五四运动专辑所载，非我撰稿，由记者吕汉魂访问，词句有出入，以此为准）再恶言恶语，胡扯半小时以上，真使我们啼笑皆非。张大帅语毕，卫兵口令散会，大帅还伸了一个懒腰，似乎鸦片瘾发，我们再由刺刀尖下出来。亲见毛泽东发动新民学会分子：召集代表紧急会议，商讨对策。隔日举行，由高工代表柳敏主席，首先由甲农代表发言（此人一向声宏嗓大，常言举双手赞成，以后留法），激昂慷慨，有“灭张朝食”一语。继之女蚕代表李思安（以后入共党，现在大陆）痛哭流泪，大吵大闹一顿。柳主席请代表平心静气，从长计议。讨论结果，有人提出“罢学”，发动“驱张运动”。驱张通过，罢学再议。柳敏当时我们以大才许之，据柳克述兄说，他们是本家，以后在北平见到他，跟随熊希龄先生筹办香山慈幼院。再后我在上海劳动大学见到他，任工厂副厂长，有漂亮太太，已无大志，是太可惜。

罢学运动，议而难决者久之，有一次选星期天，假明德中学开秘密会议，适逢张敬尧要开放米禁，准许商人出口，政府每担抽税一元，商人大发其财，抬高粮价。又值湖南已有水、旱灾情，民食维艰，各界发启请愿，学联更有题可借。发动包围省议会，请不通过，而议员畏张，竟然通过解除米禁，风潮因此更扩大。有人提议联合各界派代表上北京，请愿罢除张敬尧，历数张的治湘劣迹，列入记录。会议已到过午，有人报告主席，督军署已派兵前来，请暂散会。会场秩序，已形混乱，乃有艺芳女学代表唐冰瑜起立发言，严峻地说："我们要驱张到底，闻风惊慌，何能成大事，我主张继续讨论，静待变化，有难同当，准备从容就义。"她一开口，女代表一齐鼓掌，男生赧然，会议竟支持到下午二时。决议派代表北上请愿，抵死驱张，大家得意地散会。据事后所闻，当时是明德代表唐圭璋饿了，谣言惑众，未知确否？唐小姐之名大噪，大家改称唐大姐。此一巾帼英雄，确有本领，后来与工程师朱志豪结婚，在汉口大办工厂。抗战初在长沙，我偕内子因事访王芃生兄到朱家，贤伉俪风采清芬，绝无市侩气息。唐大姐仍是贤妻良母典型，与内子一度在"古稻田"一女师同学，均能严守朴素校训到老。国民党退往台湾后，她仍在香港大展经纶，病逝未久。另有一女师代表谭慕愚，原名湘凤，后再改惕吾，现在大陆。在湘原来反毛，在北大曾向女同学（台大某女教授）宣传国家主义，如泣如诉，力劝反共。留日时已为青年党要角，北伐后，一度参加该党秘密工作。抗战胜利，当选湖南立法委员。一日她、黄少谷兄与我话旧，柳克述兄参加，戏谓"你们三小无猜"。沦陷前她附共，南京分别，还与我争执一番。再有福湘女中刘湘英（号韵仙），曾入北京燕京大学，旋往南洋教书，改以字行。一去五十年，在新加坡任南洋女中校长甚久，近年已故，在教育界享盛名（有子为李光耀之辅弼），乃夫傅无闷兄是个名记者。谭湘凤、刘湘英，各有千秋。一女师首席代表缪蕴辉，言态大方，毕业即完婚，在家乡当女绅士，另一典型。五四运动，男女学生首次公开交际，旧式婚姻，开始摇动，北伐期间完全瓦解，情形很惨，所付代价巨大。

罢学问题，悬而未决者久之，到最后两次会议，时届仲冬，是夜间躲在五家井私立中等工业后园建筑工地举行。前一次辩论激烈，反对意见甚多，一则上学期课业荒废太多，一则毕业班同学升学或就业在即。末次会议的前夕，各校班代表开紧急会，班代表的势力业已加强，更非校代表所能独断独行。表决结果，多数反对罢学。翌晚学联会代表在前址开会，仍由高工代表柳敏主席，虽仍有激辩，然以不重学业的次级学校代表为数甚多，我依照班代表会决议，申述反对罢学理由，遭到嘘声，显然新民学会分子已有力量，通过“罢学”。限三、五日内全市中等以上学校的同学，一律卸却制服，改装便服，分乘水、陆交通，潜离学校返家，仅有少数人或新民学会分子潜伏长沙。罢学后，张敬尧更着慌，即派乃弟四帅敬汤部队，进驻地当城南要冲的第一师范，借防湘军北伐。翌春退出部分建筑，我们上课困难，而且四帅不时便服（瓜皮帽，嵌翡翠，红马甲，套花长衫，一副干净小旦打扮）前来巡视，我们也常碰上胡聊，彼大吹杀人，真活宝贝一个。其官兵下乡，奸淫掳掠，全军皆禽兽。后来败退，乡民以锄刀袭击，砍杀不少。驱张运动，要算湖南五四运动的延续。

（原载《传记文学》第三十五卷第六期）

附录三、向警予、杨开慧的侧面观

一、向警予

向警予原名俊贤，号潋余，民国前十七年生（岁次乙未），湖南叙浦人，出自诗礼官宦世家。叙浦虽属湘西偏僻小县，文化程度不低。向家尤为该县望族，世居县城，历代簪缨。向父退隐家居，教育子女，督促甚严。警予兄辈（同胞十人她行九）多留学日本，且有学医者。向家开风气之先，警予民国元年负笈长沙，入湖南省立第一女子师范第一班，未经预科，径升本科。当时各省第一女师学生，大都来自名门淑女，她们童年时节，女子学校极少，且简陋不堪，非有家学渊源深闺研习者，焉能跻于省立女师之门。如属科举，她们可称女秀才流亚。当年湖南一女师学生，兹举几个使人易于知道者，例如蔡锷之妹蔡铸、尹仲容之姊蕴玉、蕴绮、嫂沈佳玥以及易家樾之妹易倩；（另附设有保母科，即现行之幼稚师范班，专取年龄较长，或不愿深造者，例如丁玲之母蒋慕唐，即其中之一。）来台湾者，有前湖南省议员吴家瑛（已故）、留法的彭襄教授夫人范新群、陈家佑的堂妹周陈家芷夫人、李国钦老先生之姨妹周罗步兰夫人、任培道及其妹培智。彭夫人手中还有当年她们同学时的合照，内中吴、范、两任，皆被向邀往叙浦女学教书有年。她们皆能恪守校规，不忘家训，稍有陨越，引为有玷门第。老师们皆学究名家，国文教科，多采群经诸子，诲人不倦，学生敬畏之，校规綦严，校风端肃。记得抗战前，我在上海教书，所见略露头角的湘中人士，其夫人不少出自“古稻田”，正如现在留美学生去自台湾者，其夫人们不少系“北一女”小姐。湖南一女师，校址位于长沙城西，名胜天星阁侧，旧址古稻田，故简称“稻田女师”，或径以“古稻田”代表之。“古稻田”在湖南女子学校教育史上，占有优越的地位。民初各省一女师，皆同负盛名。

民初的中华民国，直到北伐之前，军阀、汉奸、洋奴、土匪、流氓当道，民不聊生，有志之士，不分男女，莫不痛心疾首，亟思改革。向警予在“古稻田”读书时，即被耸为领导人才，文章道德已表率群伦，被同学称为“圣人”。能取得那群名门淑女的拥戴，绝非易事。她进德修业，中矩中规。历充乐群会会长，兼道德部、学艺部长，容貌仪态很出众，待人接物，尤具大家风范，在学三年，师辈皆喜爱之。她由“古稻田”转周南女学毕业时（后详），国内大学尚未开女禁，适值五七国耻之后，又不愿随兄东渡日本，颇欲留学欧、美，必需巨资，已非家庭所能担负。乃返乡创办女学，自任校长，甚得乡里爱戴。兹附她（署名尚用原号儆余之“余”）在乡寄长沙好友一函，从其字里行间，可概见其他。当时向在乡办学，得心应手，然彼志在翱翔，函中毅姐即陶毅（斯咏）、仲姊即任培道（仲瑜），彼三人在“古稻田”时，老师杨昌济（怀中）称为“女生三贤”者。男一师萧瑜、蔡和森、毛泽东自封“城南三杰”，城南二字，为男一师前身城南师范的旧称。杨老师两校兼教。任培道等抵溆浦后，向荐吴家瑛大姐接替女学校长，向函所指“县令吴公”，即吴大姐令叔。向原不甘蛰伏，自返长沙，又适值五四运动与发展“新民学会”之际，向乃参加留法勤工俭学的新潮。从此一去，与蔡和森同入共党，这是向警予一生中之突变。一个青年人的命运，国家教育社会环境，关系巨大。如果没有留法勤工俭学运动，翌年南高、北大即开女禁，乃至清华招收留美女生，以向的智慧之高，治学之勤，必蒙取录，出人头地，于国家贡献很大，可预卜也。而今台湾青年，国内大学教育，国外奖学金，皆可轻易取得，平步青云，望珍惜之。

向警予赴法后，与蔡和森结婚，对共产党主义发生狂热，思想言行，发生激变。久之，与在“古稻田”的学生、溆浦女学的校长，判若两人。她原来热肠冷眼，爱国心强，感于民初北洋军阀的愚妄，改革心切，难免操之过急。适逢苏俄崛起，眼见西方思想界有称“新文化”或“苏维埃文化”者，亦不免引起幻想。但她由法返国途中，路过新加坡，身怀有孕，还特别往马来亚吉隆坡探访视为亲妹妹的任培智（培智小三岁，称向为九姐，在古稻田低一学年），抵足长谈，吐出胸中苦水：“你准备回国升学，是为上策，培道姐姐已在国内安心读书，比我幸福多了。还要记得！在学期中，切不可结婚。”翌年培智返国，经上海，住在她的寓所，她又叮咛：“上海绝非你求学之地，你往南京考东南大学，也是上策。”尚有其他肺腑之言。蔡和森还劝向同往南京读书，向以育儿作罢。蔡氏夫妇，且羡慕任氏姊妹有贤叔任凯南先生，特自伦敦到巴黎视察勤工俭学情形，阻止她们前往。原来她两姊妹准备追随向后，前往巴黎，因乃叔复函长兄奏南先生（培道姊妹之父），力劝作罢。凯南先生去函，有谓勤工俭学者，固有些人专心向学，惟以共党猖獗，两侄前往，绝非所宜。凡青年人，尤其是有为的青年人，要听老成人的指导，所谓“古人乐有贤父兄”，今之为父兄、师长者，责任更大。

第一次我见到向警予，在长沙五四运动演变为驱张（敬尧）运动之际。某日学联会散会之后，某些“新民学会”的代表，邀我到周南女学作会外协商，由该校女生管理员陶毅（更名怡）

接待，不料向亦参加，她确有风采，主张亦多，尤其是演绎归纳，大有经纶。后来在莫斯科又有见面，她在东大，我在中大，她知道我在南京和任培智同学，友谊已深，开口即问："培智毕业何时？"排出大姐姐气慨，对我不无轻视，主要原因，是我反共，她常到中大，竟对我视而不见，极少交谈。十六年春，我被派主持的中国革命文物展览会，她往参观，找我谈话，似乎得了她几句赞许。最后一次，有蔡和森在一起，我们三人讨论民生主义是否共产主义，我在否的方面说得很多。我认为民生主义采和平奋斗途径，是最适于中国的社会主义。我是个社会主义者，列宁滥杀同志、同胞的苏维埃社会主义，最不适于中国。我且有说："我们切不可让俄国人分化，更不要自己分化。"满以为她会光火，可是她微笑的只骂了我一声"小鬼"，顾左右而言他，我看出她内心里藏有苦闷，而暗喜她总还是个中国人。至于她在莫斯科与人"通奸"之说，据我所知，武汉风云之际，第三国际代表印度人罗易，奉斯大林之命来华。向警予送行，在火车站与罗易拥抱，中国人看不惯，吃干醋，遂被谣传为"通奸"。更是笑话的，罗易那时译为"鲁易"，而中国又有一个鲁易，同是湘西人，与向同时留法勤工俭学者，也是当年共党红人，武汉风云中，他在洪湖组织苏维埃，被清剿处死，也曾扯到那个真鲁易身上。武汉风云，向亦返国参加，最后逃入汉口法国领事馆，被引渡处决。此事由吴家瑛大姐告诉我者，并说向死前常到法租界吴寓。一日向疲乏之极，炎夏还着厚布衫，在吴寓洗澡后，吴给她换一薄绸衫，向连呼“好舒服”。她俩原为闺中秘友，吴屡劝向摆脱共党，向云已不可能，且说愿以身殉，常拥抱对泣。

二、杨开慧

杨开慧与向警予虽同为名门淑女，但完全是两个不同类型的人，杨为名学者杨怀中教授的幼女，小时多病，确为娇生惯养，父母且不逼她用功读书。小学时与任培智（杨小二岁）在长沙乡间开风之先有名的“隐储女学”同学，均在校寄宿，杨日常服鱼肝油当时视为洋化珍品。杨生性温和，沉默寡言，太欠开朗，近于缩瑟。中学入长沙市周南女学，该校为湖南最早的女子中学，原称周氏家塾，校风较一女师开放，杨老师令爱女入该校，意在陶冶。周南女学校长朱剑凡先生（朱慕慈原嫁萧劲光者即其爱女），革新人物，朱原姓周，据说因革命，改从母姓。朱剑凡为早期湖南教育界巨子之一，曾兼一女师第一任校长，一女师校风不免守旧，朱思改革，受阻而去。接其事者，为逊清翰林院侍讲学士彭清藜老师（曾在男一师任课），到任后，发表众不问其名只称蒋美人者，为女生管理员，俏皮学生揶揄之，藜亦不执行校规，旋离职。继其任者，仍为新人物马惕吾先生。该校之有女校长，从曾宝荪先生开始，那是以后的事。朱剑凡先生辞一女师时，学生吴家瑛、陶毅、向俊贤（警予）、罗步兰等，随朱转入周南女学毕业，在学仅一年。这一段经过，在湖南女子教育史上是件大事。杨开慧绝不会参加风潮的，杨老师与朱先生为友好，一女师与周南女中两校齐名，声气相通，教师们有兼两校者。五四运动，两校女代表彼此呼应。陶毅、任培道均在周南服务，从事新民学会的活动，向警予亦与焉。杨开慧则既非学联代表，亦非新民学会会员，更是不问天下事者。我见到杨开慧是在吴、陶、向、任之先，但未交言。民国六年春，第一师范开春季运动会，杨开慧侍母到校参观，进大门时，她在来宾签到簿上提笔恭签母女姓名，下注杨怀中眷属。适我在那里服务，亲见她的书法工整，母女虽非美丽，而且穿着古朴，观者皆肃然起敬。

我第二次见到杨开慧，也只略有寒暄，是民国十四年秋冬，在广州市东山毛寓，那是我赴俄之前，在黄埔军校纪念周发表反共演说后，毛泽东托共干易礼容（五四运动相识者）转邀我吃晚饭谈天，杨开慧在坐。晚饭后不久，毛示意她避开，并对我说："女人们不必谈我们这些，而且她（指着开慧）素性不喜此。"由此可见杨是何许人也。

杨开慧之死，湘人多叫冤枉，杨本闺中弱女，入校读书，亦不过应时而已，与革命、主义完全无关。可怜她蛰居长沙板仓三年，乡里皆知，杨昌济之女，毛泽东之妻，何人不知。其一旦被杀事，据华美日报载："一九三〇年五月七日彭德怀、黄公略陷岳阳，廿七日陷长沙，省主席何键此次吃大亏。省城克复后，其公馆中，无头男女尸体，就有多具，对共党恨之刺骨，立时下令将杨开慧逮捕。……杨开慧是无辜的。"杨开慧之被杀，以及何键派其护卫头目龚澍（重荪）掘彭德怀、毛泽东两家祖坟，闹出更荒诞不经的笑话，有欠行政现代化的原则，皆为湖南士绅之间，深具叹息者。向警予在共产党做了些什么，我们是无从而知，杨开慧在共产党能做什么，则很难知道。

（原载《传记文学》第三十五卷第二期）

附录四、我亦谈谈鲍罗廷

联俄容共政策，影响廿世纪的世界，与其二十年代在中华民国执行阴谋倾覆的鲍罗廷，论者多矣。今年起传记文学“每月人物专题座谈会”，改为“民国史事与人物专栏”。刘绍唐社长知我与鲍罗廷曾经见面，嘱我亦谈谈其人。兹聊书其二三事，以为续貂。

一、鲍罗廷与留俄学生管理委员会

民国十四年秋末，由国民政府在广州招考的留俄中山大学学生一百五十名，与三个军官学校各十名，先有约半数在赴俄途中，掀起了激烈的国、共两党之争，余留广州先设补习班。并有留俄学生管理委员会的设置，采学生自治制，暗中一切出自鲍罗廷的安排。鲍氏第一次到班授课（着中国长袍，俨然学者模样），由张太雷口译，讲到帝国主义的定义，轮到问我哪一国家为其先锋，我对以西班牙。他又问我何所据，我举国立东南大学教授社会学刘静波老师所著上海商务印书馆出版的

《大国家主义》以对。此非共党书籍，他表示诧异，并说尚未见到此书。有一次我代表管理委员会访鲍氏接洽赴俄事，他又问到刘老师的著作，他对北大的教学情形已很熟悉，而对南京东大很想了解。我想他是有心人，不愿对他多谈国内事，以只在该校读书一年为辞，他留我随便谈谈，仍由张太雷口译，另由女秘书笔记。他明知我是反共，也许因此要和我多谈谈，我们谈话的范围很广泛，我也强调了反共的理由。最后他问我学习的偏向，我说遵父命着重历史，但入大学选择政治、经济系，父又嘱至多重在政治。而鲍则劝我偏重经济，但我以后的涉猎，绝非他的影响，因为立场各异。

又一次，我往鲍公馆交涉赴俄事，争辩很大，鲍一味敷衍支吾。又要和我谈起来，翻译、纪录如前。他竟问到湖南第一师范的教学情形，我说那时的老师，大多数对我国学术思想经过科举的训练，具有精深的研究，再往日本接受西洋的研究和教授方法者。比之当时有些国学较逊，径而留学西洋的大学教授，（我在莫斯科，有北大某教授夫人告诉我，《现代评论》的周鲠生先生经常为她丈夫等人大改文章）教书透彻多了。他抢说："他们！尤其那些留日的，都是反动分子！"我说："李大钊、陈独秀也都反动吗？"他笑了。至此汪精卫来访，我辞出，他还为我介绍，汪笑笑说明我们认识，并嘱我翌日下午三时往国民政府见他。我按时前往，由副官长湖南人席楚霖引至楼上小客厅相见。汪细询关于留俄学生管理委员会情形，时届腊月，汪开了一张万元港币等于现金的无记名支票给我转同学每人百元，添制冬季服装外，余作管理委员会年节之用。我说冬季服装大家还够，他说买些参考书带往俄国吧，我乃照收照转。（我带一大箱书去，被留在中大图书馆。）汪并对我再三叮咛，有谓："鲍某为人貌似儒者，心实奸诈。"此刻言犹在耳。但从此未再见汪，盖以三月廿日案不久即发。至于我在国民党内的私交朋友，改组派的老干部中，为数很多。他们对鲍氏，多有接触和认识，也必各有一番感想。

二、鲍罗廷与张静江

十五年三月廿日案被揭发之前，鲍罗廷在广州，对青年学生固然另一副面孔，广为结纳，心存引诱。而对党政干部以至要人，则倨傲跋扈，目空一切。例如国民党中央政治委员会，他只是顾问身份列席，用供咨询。然而开会必须委员们移樽就教，前往鲍的住宅（俗称鲍公馆，显赫不可一世），有失我国体制，他倒满不在乎。事后我在莫斯科中山大学同班同学王某，曾任其翻译（在广州），他对我说，会议进行时，除李石曾、顾孟余、宋子文发言，鲍氏静听外，其余者，他充耳不闻，竟嘱王不必翻译。（共党一切的作为，皆由鲍发号施令，更不在话下。）三月廿日案发，鲍正返莫斯科述职，归来后，张人杰（静江）先生出任国民党主席，政治委员会开会，已迁回中央党部，其实两者同在文德路斜对门，仅隔一条马路。虽然当时青年人们，对静江先生不利于行，必需用藤椅抬进抬出，乃至抬到会场，开会始终坐着，有些议论，加之共党呼为“昏庸老朽”，然而大家对张此一举措，无不欢欣鼓舞。鲍氏亦前倨后恭而屈服之。鲍氏返广州后，我和已经粗通俄语现在台湾的张民权学长，再往鲍公馆接洽赴俄时，鲍氏出见，已不多谈，事务上由其夫人出面周旋。只到我们赴俄临行之前，再见鲍氏一面，全系礼貌细节，从此未再见面。

三月廿日案揭发期中，广州东山，一片沉寂，不无戒严气氛，鲍公馆顿形门可罗雀（此时鲍已托故返俄）。某日下午我们同学数人，散步到俄国军事顾问住宅区，在该案执行人季山嘉将军公馆门前，见到在台病故的”国大代表“李树声同志，任新调的守卫排长，相视微笑。昔日类似租界地带，景象不同了。我们留俄同学，原住东山许崇智的公馆两大宅，静江先生来到，分住一栋，隔窗相望，大声相闻。常见国民政府代主席谭延闿先生来访，以后鲍罗廷也来拜访静江先生。蒋先生于城内则住对面廖公馆邻宅，谭、鲍也常出入。有时且听张宅有声外扬，尤其是周觉（柏年）先生来时，声音更大，常骂鲍罗廷。某日邵元冲来，与我路遇，带我同入张宅，谒见张先生。他问我："你说我是昏庸老朽吗？"我不敢答。据他说，鲍氏气焰，已经大减。且说："无敌国外患者国恒亡，多媚外崇洋者国亦恒亡。我住法国很久，幸未失自尊心。好在我幼时读了些中国古书。未见国学有根底者，一味崇洋媚外。其实留学回国，再读中国古书，更为透彻。你们赴俄求学，要明乎此！"当时谐圣吴稚晖先生在广州，更有妙论，泛骂非共产党员而捧鲍氏者为"咸水妹"，骂他们不与洋人来往，就不过瘾，即汪精卫亦不例外。稚老一生无私隙，外传与汪难免，但属少年故事，无伤大雅。我亲闻稚老说过："汪精卫的失败，自与鲍罗廷周旋开始"，且深惜之。

三、鲍罗廷害人多矣

三月廿日案由鲍安排，众所周知。其如此如此，系阻碍北伐，深知北伐迅速，不利于共党的控制。故早在两粤就有分田之议，北伐至武汉，更大唱分田，制造纷乱，破坏统一。汪精卫太可悲了！未能烛照其奸，竟受鲍氏之迷，以至宁汉分裂，汪精卫、陈独秀的联合宣言，足见鲍谋略之险狠。三月廿日案揭发，广州市平静如常，民间对于蒋公，且有"聪明正直而一"

之称。某日我到市区社仁坊，湘人聚会之处，湘军副总司令陈嘉佑（护黄）先生，家住隔壁。芳二爹（陈原字护芳）从司令部回家，我随老党人刘伯伦（名况）、黄一欧往谒。芳二爹气愤地说："陈璧君那女人真泼辣，昨日蒋校长介石曾去访汪，解释误会，她不让见面。今天畏公（即谭延闿先生）急着再去劝解，亦不让见面。畏公说：'那婆娘（湖南土语）既不可以情感，亦不可以理喻，调停乏术。'畏公做了鲁子敬，这一切皆中了鲍罗廷的阴谋，汪氏夫妇真是可惜。"其实芳二爹始终是个亲汪的左倾人物，对鲍亦视为可怕，当年国民党联俄的贤者，对鲍皆存有戒心。而今自由世界混乱，惶惑不安之极，尚有洋人假和平、自由之名，想来台湾作变相的鲍罗廷，效颦其幻梦。前车之鉴，有待记取。世上没有那样廉价的和平与自由，更不能靠洋人的施舍。

关于徐谦先生的牺牲，就我所知，曾有叙述。至于廖仲恺先生，我实晤教太少，只在民国十三年春夏匆匆见了两面。第一次是有人介绍往谒，我报告在南洋一带与共党的不睦。惹起廖先生严厉的教训，责我不明联俄、联共真谛，其态度严峻而诚挚，令人敬畏，但我心服口不服，暂不登记党籍，真太幼稚。第二次是在岭南大学相遇，他从黄埔到此，嘱我稍等，同汽艇返广州市，重到中央党部，再加教训，且有安抚。问我何适，我答在南京读书，又问我学什么，我因敬重他的事功，冲口而出，也想学财政。蒙加指点，并介绍我翌日见中山先生，嘱我再去见他，我见中山先生后，适他因公外出，从此未能再亲教泽。次年夏我返粤，过上海，报载廖先生被刺，悲愤不已。又在广州将近一年，处处留心廖先生的德政懋绩，更加钦仰。据我所知，他为了曾出面往日本与越飞开始接洽以及潜心执行联俄事宜，加之言语径通，不免与鲍罗廷最为接近。乃至对妻室儿女均不能露心迹，其苦心孤诣，谁能谅之！故有人除之而后快。对鲍来说，也算“我不杀伯仁，伯仁为我而死”，其实谓其“借刀杀人”，亦无不可。以鲍氏之阴险，焉能不知廖先生之忠党爱国，除廖之计，只在迟早耳。后来鲍被斯大林囚死狱中，必曾问天。廖先生具有政治家风范且是财经大师，甘乃光所著《先秦经济思想史》，那时甘尚年轻，外间曾误传为廖遗稿。在重庆中央党部时，我与甘常相晤谈，曾问到廖先生种种，甘同意我的看法。《先秦经济思想史》一书，上海商务印书馆名著之一，甘确得廖的细加指点，但非其遗稿。曾晤甘岭南同学“立委”高廷梓兄闲谈到此，据称甘出自书香世泽，具有国学根底，治学勤勉，该书既得廖先生指点，可优为之。甘为廖提携的青年才俊，以师视廖，而未为鲍所迷，因其年龄比廖子承志长十几岁，故能知廖先生遗志。即廖、蒋两先生，对联俄事有激辩，而始终合作无间，鲍罗廷亦叹黔驴技穷。如廖不死，北伐之后，局面有所不同。至少上海金融，流氓帮会不能染指其间，形成尾大不掉之势。以致“沦陷”之前，由某闻人口令一出，发动抢购风潮，金融大乱，促成巨祸。鲍氏之为害我国，既深且远。

四、鲍罗廷其人

中国之联俄政策，势逼处此，鲍罗廷之为患，则罄笔难书。鲍之生平简略，蒙苏俄问题专家关素质教授特自鲍氏女秘书 Vera Vladimirova 的回忆录、共产国际史、俄文百科全书摘要给我。兹照抄如下：

鲍氏于 1884 年，生于白俄罗斯拉脱维亚的 Vitebsk，祖籍犹太，家贫。1900 年初参加当地社会民主工党，十九岁加入布尔什维克派，开始地下工作。1904 年抵瑞士，奉列宁命令前往俄国。翌年在拉脱维亚首都加里参加革命。旋出席该党在芬兰召开的第一次代表会议，以及 1906 年在瑞典首都召开的统一代表大会。同年抵伦敦，在俄国移民中工作，始用鲍罗廷（Borodin）之名，原名 Mikhail Markovich 党内化名为 Kirill。1907 年抵美国，住波士顿和芝加哥，创办《美国工人》杂志，此时与其夫人结婚。1918 年 7 月回莫斯科，参加共产国际第一次大会。翌年初被派以苏俄红十字会代表名义前往纽约，负有政治和财务使命。嗣由美抵墨西哥，化名 Brantwein，协助建立墨西哥共产党，与印度共党罗易已有来往。1919 年末，出现在西班牙，翌年赴荷兰阿姆斯特丹参加会议。1922 年在英国被捕下狱，为期半年。1923 年 7 月由莫斯科赴广州，9 月到达。1927 年武汉分共，7 月底回莫斯科，供职塔斯社兼办英文“莫斯科新闻”(Moscow News)。1949 年春天被捕，1952 年死于狱中。鲍氏著作《中国问题》一书，未经出版。出版者，有英文编辑的《共党国际》，和列宁的《左倾幼稚病》英译本。

以上可概见鲍氏其人，在我的印象里，比布尔什维克有些毒兽，较为像人，一向把他排在外长姬齐林、驻华大使加拉罕一类，由蒋夫人与其谈话看来，尚不失为知识分子。鲍服从列宁个人，在国内原无派系之争，此较与芮可夫（A.I. Rykov）接近（此人我见过，那时任人民委员会主席，好似克伦斯基一类人物，适合的革命行政首长，我心仪之，但早被斯大林杀了）。鲍氏也算善于应付，武汉失败回去，未即被杀，一切过失，推在陈独秀身上了事，亦云幸矣。十六年我回到南京，曾见 London Times 载，丹麦驻俄大使访问鲍氏，评论国民政府人物，推重李石曾、胡汉民、顾孟余，对蒋先生也有批评，但称其为“强人”。冬天，那曾为鲍氏翻译的同学王某抵上海，告诉我，回国前见到鲍氏一次，鲍微露悔意，回忆到越飞保证遵守“孙逸仙博士以为共产组织，甚至苏维埃制度，事实上均不能引用于中国”的诺言，足见鲍氏以老布尔什维克资格，返俄后还有一段比较自由的生活。据胡秋原兄说，1935年，彼在莫斯科曾见着鲍罗廷，生活颇舒适，且共同商议中苏联合抗日事。并向我国驻苏大使馆武官邓文仪兄接洽，请转呈中央。当年我们抗日目的相同，抗战的时间，则与有些朋友有迟早之不同。而鲍氏则袭列宁故伎，利用国难，发动对外战争，转为对内战争，夺取政权。记得当年我们在伦敦，与李寿雍、韦从序、胡钝俞、及其他在台诸兄，常谈论此事。抚今追昔，不胜凄怆！鲍氏在武汉的猖獗情形，据蒋公秘录所言，陶希圣、罗贡华、胡秋原诸兄，皆亲闻目睹其事。鲍氏在武汉，与印共罗易同是恪遵斯大林命令，罗易以后为托派。总之鲍氏算一个喜弄奸诈的政客，卒以身殉，是苏俄政治制度的必然结果。以后苏俄暴政下的人物，必累世如此，区区鲍氏，又何足道哉！可是其为害中国，至为惨烈，殷鉴不远。一个国家，引进外国学术接受外人咨询，自无不可，筑室道谋则可不必，听其指使更不可也。

（原载《传记文学》第三十二卷第五期）

附录五、有关留俄中山大学

留俄中山大学，是个什么样一回事，欧美人士知之甚详，而在国人心目中，还是一个谜。我曾滥竽该校，五十年来很多朋友用好奇的口吻问过我，甚至不无误会，我懒，从未详谈。十余年前曾有驻法国中央研究院专治苏俄与远东问题的美国某学人，经中研院近史所介绍，对我有所访问。今年暑假，又有美国加州大学某教授，由“国防部”陈博士陪同来谈，并由陈先生翻译，谈了一些。想想还是写出来，聊博关心人士一粲，也许对当局此一政策，应该有所说明。

我们的向往与抵达

幼时常闻父亲谈论李鸿章联俄制日的得失，痛斥俄国的无信，迫害我国之大且深。十四年深秋，留俄中山大学在广州招考，我乃决心报考，想往俄国实地观察。赴俄之前，正在黄埔军校追随蒋校长工作，深受其精神感召。考试被取录后，面向蒋校长请假，蒙其欣然许可，并给予资助，且嘱细心研究。适谭延闿先生在座，也说行万里路，多读些书，总是好事。旋逢一纪念周，教育长王柏龄先生命我作“政治报告”。我以年轻、官小请辞，不准，遂以《留别有枪同志》为题，要点是效法左手捧可兰经，右手拿宝剑的精神，以左手捧三民主义，右手把枪的严正态度，维护三民主义与中国国民党。报告词载《黄埔月刊》，传播颇广。适逢毛泽东为国民党宣传部副部长，邀我作了一次往日同学的私人长谈。当时共产党在广州很猖獗，不料毛对共产党徒作法的不满，比我还多，更引起了我赴俄一行的好奇。我是民国九年与毛泽东在长沙学生运动中发生冲突后，加入国民党，十年夏赴新加坡，十一年始能与同德书报社（即国民党部）取得联络，已知广州有联俄容共的酝酿，即与共党暗地冲突，十三年在广州小住，并未登记，十四年始重新登记。

留俄中山大学的招生，分别在广州由政府公开招考，平津上海由党部非公开遴选。我们在广州报考者，笔试在国立广东大学（后改为中山大学）风雨操场，时在民国十四年深秋，由谭延闿先生主考，亲视点名发卷，以及巡视考生行列。口试假中央党部分组举行，最后在国民政府门首发榜，署有主席汪精卫头衔。报考者千余人，取录者一百五十名。投考资格原定国内外大学修业两年为合格，俄顾问鲍罗廷要求放宽，加入有同等学力者，另有各军事学校各考选十名，以上皆有案可查。发榜后，原拟分四批出国，行前有国民政府主席茶会饯送，汪精卫致词，略谓据他的经验，分析留法勤工俭学失败种种原因，祝望这次留俄同学，整个的去，整个的回，学习以爱祖国爱民族为前提。他本擅长演说，听者颇受感动。第一批出发的，林柏生、陈春圃等人已是他的心腹。我在黄埔纪念周作政治报告后，由曾仲鸣邀我与他个别谈过一次，那时他对蒋公极为尊重，并嘱我细阅蒋公的访俄笔录，在俄必须小心一切，不可弄得太僵，谁知他们以后都竟为日本做汉奸。广州出发者，连鲍罗廷挟带走私的，共约两百人。原分之四批俄轮，经上海转海参崴，改乘火车到莫斯科，不料第一、二批两只船上，国共之争，开始冲突，闹得很大。鲍乃以莫斯科房荒学生宿舍不易找得为托辞，要求第三、四批缓行。因待蒋公第二次东征凯旋，我的工作未了，将原定第一批的舱位，改为第四批，我们第三、四批在广州搁浅下来。鲍罗廷公馆又出花招，假校址在东山的申大医学院（原博济医学院），开办留俄补习班，政府也就拨许崇智在东山的公馆两栋，将我们未成行的同学安置在那里（后来有些同学不愿去住，另一栋由张静江先生去住）。并组织留俄学生管理委员会，由同学自己管理，每日派员到国民政府领取伙食、津贴等项。补习班以习俄文为主，俄人的讲演为辅。第一次是鲍罗廷本人，身着中国长袍，俨然学者，用英文讲演，讲题是“何谓帝国主义”，倒非卖膏药，由张太雷口译。第二次是苏俄远东省省长高比克用俄文讲演，题为“苏俄的行政”，由卜士畸（后改道明）口译。开始进行还不错，以后就马虎了，每日俄文课，教者非语言专家，听者心不在焉，除极少数外，大都了无成就。

到了十五年春末，我们不能再忍耐了，我是被管理委员选举为向国府与鲍公馆办交涉的，鲍罗廷对我头痛了，乃派他的太太和我敷衍。我要求管理委员加派粗通俄语的张民权同学(现健在台北）和我稍通一点的英语直接向她接洽，她不愧为外交官夫人，也很难缠。最后我们向她摊牌，逼她说出迟延我们的真实原由，莫斯科之大，绝不会找不出几十个学生的宿舍，既称革命同志，理应开诚布公，坦白相与。女人到底较忠厚，她笑了，反说我们太厉害。她乃说出实话，我们请她召集我们所有的同学当众说明，并作一确期的保障，她接受了。某日在广东大学礼堂，鲍夫人直说：“你们同学国共之争闹得太大，使我们办事的人担心，有所顾忌。你们第一、二批同学在船上相骂打架不算，国民党人多，还要将共党同志抬起来丢下海……”及其他等语，并保障要莫斯科确定日期。好笑的是一位新到广州的周姓翻译，中文亦差，误将“抬起来丢下海”口译省了一个“下”字，有触广州俚语，闹得哄堂大笑。鲍夫人茫然，周君亦茫然，倒是大家一团和气了。七月我们始成行，鲍夫人亲自送我们到船上，临别她又洒泪含笑地祝福，我们都很感动。我们临行前，广西省政府又考选送来百余同学，我们真不知鲍公馆是如何在安排。他们开会欢送我们，我被指为致答辞，我只说了祝福他们比我们顺利，我们一定在莫斯科车站欢迎他们，要结为兄弟帮等语。上海上船时，广西同学有韦永成姐弟、李宗义、王公度四同学赶来同行，皆大欢喜。

我们在广州羁留时第一个反对我赴俄的是我父亲，他痛恶俄国，并说我们去太冒险，且细数伊犁条约、中俄密约之害，以及他们少时反俄的情绪。还有些好友，以为我追随蒋公北伐，是指日可待的前途，例如同学梁绍文（原名空，少年中国学会会员），世故最深，另谋官做了，退出时还恳切的劝我作罢。乃至胡展堂、顾孟余两先生，都问过我是为何。我总觉如不趁此机会前往苏俄看看，以后恐无可能。曾蒙胡、顾两先生嘉许。我父亲最后许可，也是仅基于此一点。我们成行时，最快捷的通知，是代理国府主席谭延闿先生接鲍罗廷电话后，亲笔专差送到东山给我转各同学的一封信，此信存留在莫斯科我的书籍箱中。这几位老先生，对后辈的提携、指点，使我永不能忘。我们到上海，忽然要转船，我未住旅馆，应黄一欧兄之邀，住在他家里，兄嫂待我之诚，亦难忘者。俄国人做事，糊涂可怕，胡展堂先生曾告诉我，俄人的所谓即刻（俄语发音希恰是），往往一拖三个月。何时再上船，无确期，有一天，我同张民权兄到俄领馆交涉，他们又称“希恰是”，想到胡先生的话，我们笑出声了，好在这“希恰是”只拖两周。

到了海参崴，任其安排，已知着急无用，每日到山东馆子大吃各味海参。我奇怪的是，初到共产国家，乍见公共汽车票价起码八哥比，比上海贵多了，对他们的共产主义，开始不懂，或者失望。在旅馆里遇到提前返国的王仲裕老大哥，且在海参崴住了几天，已知苏俄所谓共产党主义，完全是胡说，更知中大同学国共之争，正闹得不可开交。有心人郑介民兄与王仲裕老大哥竟在旅馆里秘谈了两天两夜。车行十四天，始抵莫斯科，一路风景倒是极佳，聊以自慰，或许不虚此一行。过贝加尔湖、乌拉山，男女同学不论国共，齐唱苏武牧羊，俄共招待人员知道了我们唱的什么歌，大伤脑筋，我们见了他们的表情，更加不断地唱，一路闹的笑话，也蛮好玩的。从此已目击俄共的愚戆、顽劣，以后更察其阴贼险狠，可怕之极，证明了幼时听父亲所说，一旦北极之熊出海，世界必有大灾大难。

学校概况

留俄中山大学的创立，在俄国来说，北欧之熊，自西化维新的彼得大帝与解放农奴有称救世皇帝的亚历山大二世以来，力谋建立一个现代国家。为了“天窗问题”，克里米亚之战败于土耳其，日俄之战又败于日本，一直是个困兽。民性之凶悍残忍，其来有自。十月革命列宁崛起，假马克思主义东方化以行，揭橥由北京到巴黎，最为捷径的口号。其原由，十月革命所称世界革命，眼见德国里布克来希的失败，乃转念到东方来，有云:“亚洲被压迫民族，是世界革命的潜势力，亚洲落后国家，是帝国主义的大后方。”名外交官季诺维也夫更捧场地说:“马克思曾说欧洲的世界革命，没有英国参加，是在茶杯里起台风，而我敢说，没有亚洲参加，就没有世界革命。”1920 年第三国际的东方人民会议，决定了东方重于西方的策略，已经有东方大学的设立，中国联俄容共后，又有中山大学的设立，前者专收东方各国共党干部，后者美其名曰专收中国国民党员，前者简称东大，后者简称中大。

中山大学的课程与教学，采用 Intensive Course 与 Intensive Training，换言之，课程精约，教学深入。大学政经课程，两年修完，全皆必修，并无科系之分。第一年，先重社会型式发展史（也就是社会进化史或经济发展史），与经济地理，以这一纵一横，自原始社会、封建社会，到工商业资本主义社会，与落后地区殖民地带，到开发国家，说明人类生活，一切以经济为基础。其他法律、政治以及历史的演进，皆是此基础上的建筑物，名之曰经济史观、唯物史观，均可解释下去。其次是中国革命史、西方革命史、东方革命史，也就是将西欧各国和东方印度的通史或政治史的内容，着重革命史迹的渲染。讲印度史的，是帝俄时期驻印度领事馆馆员，经过二十余年研究者。其教法，先由印度的气候、土壤说起，再及于宗教与民族性，然后讨论帝国主义在印度抢夺资源的殖民情形，止于东印度公司的成立，内容很专门。他说以后的资料繁多，可以自修了。他上课时带有地理、资源、生产品物等的各种挂图以及标本。可是他讲演后，没有分班讨论，因为没有那些专家教授领导。最重要的是接着社会型式发展史的政治经济学，用资本论第一卷作圭臬，开始即讲金融市场，分析帝国主义的经济结构，沿西班牙、葡萄牙、尼德兰商业资本的衰落，各工业国家产品的倾销，蜕变为金融资本的输出，以至殖民地市场的争霸。痛斥华尔街的罪恶，断定帝国主义的灭亡。其基本教材，见于 A. Leontier，Political Economy-A Beginner’s Course，由苏俄对外出版合作社发行，伦敦英文版销售最广。一时中国左倾教授们，视为恩物。

第二年，除法律概论外，以俄国革命史为首要，定名为列宁主义，把俄国革命的事功，一切归于布尔什维克党，即一切归于列宁。尤其是强调列宁民族问题与殖民问题的论文，把赤祸转向到中国与印度来，斯大林《列宁主义问题》，也是必读的参考书。而对孟什维克及其他派系的攻击，更是不遗余力。对资本论的剩余价值、阶级斗争、唯物史观，均分别开课，详加研习。还有国际问题一课，以经济地理为工具，分析各国外交史的明争暗斗，不外殖民的争取、经济资源的搜刮、市场的抢夺、弱小民族与殖民地的独立，配以名人讲演。如布哈林，托洛斯基等人，经常到校作所谓特别讲演与国际情形的分析，外交部长季诺维也夫，那时常驻巴黎，作国际事务上的折冲，以防遭到围攻，则极少到中大讲演。他们有时涉及布尔什维克党内派系的斗争，起初大都对斯大林施以攻击，以后个别给他收拾，也可说中山大学是引起斯大林大开杀机的暖室。后来中大共党同学，也大反斯大林（后详）。

教学方式，采讲演与讨论合并进行。所谓讲演（Lecture），凡基本课程或学术讲演，同一年级的各班学生共三百余人，齐到大教室听讲，备有英、法、德、俄四种语言的翻译。再由分班教授领导讨论（Class），颇似英国制度，（亦似美国的Seminar）。每班学生不得超过二十五人，分发英、法、德、俄、中五种文字的讲义。名人讲演，两年共有人数六百余人一起听讲，例不分班讨论，至多列为课外党的小组讨论。大教室上课，亦可发问。例如校长拉狄克（Karl Radek），有一次讲中国史，讲到封建制度，他武断中国封建制度，自西周到民国，并未废止，依然奴隶盛行。泛指丫头、佃户为奴，我们发问，丫头出嫁，主人陪妆奁，平时主人孙辈称丫头为某某姑姑，是否为奴？地主家有喜事，佃户自动出力帮忙，平时佃户分有租谷，地主儿女称其为某伯伯、某叔叔，是否为奴？他倚老卖老的笑笑而已。他著有一部《中国新史》，是德文名著，内称整个中国历史，是一部农民暴动史，尤喜举陈胜、吴广斩木揭竿而起的事例。

又一次，拉狄克先生上课，讲到革命的定义，且说他也不知道，只举五千年前埃及的一块碑文（他上课常携带古籍），载有反革命学者骂革命党人，杀人放火，十室九空；政权转移，暴民当道；财产重新分配，贫富互易。他说这就是革命的定义，据此中国的辛亥十月革命，除推翻清廷外，统治阶级没有转移，亦无大的战火，民间财产，毫无变换，只能算是一次“政变”，不能算革命。国民政府驻俄代表邵力子，在场旁听，耳语嘱我提出抗辩，举“汤武革命顺天应人”为最好的革命定义，顺天是顺乎自然，应人者合乎人民要求。拉狄克先生也笑笑了事。他对国民党的学生，总是宽容，每逢国共之争，他必站在我们的立场。其他班上，例如马克思劳动价值与李嘉图劳动价值之辩，唯物论、民生史观之争，阶级斗争、互助论之争，常是闹得更凶。甚至普列汉诺夫与布哈林著作的优势，伯恩斯坦修正派的立论，亦不免争辩。因为有国民党的存在，中大言论、思想，也很自由。

留俄中山大学的性质，在学制上自然是不寻常的，学生程度，亦有参差。如果照章招考的那一班，学生确在大学修业两年者，则可称后期大学。如未入大学者，可称前期大学。实际上有来自欧、美、日本与国内大学毕业者甚多，要称前期研究所，说是训练班，均无不可，因为课程内容与教学方法，皆具弹性，有很多即是中间性的（Intermediate），也就各有接受不同，成就亦异，要作高深的研究，也可自成专家，或出而行政，亦不失为通才，自可使用专家。记得拉狄克校长一次在校接待美国教育考察团，他就老气横秋问，在美国的中国留学生，历年来一共有了多少？考察团答大概六千人以上。拉狄克乃曰："我们此地（指中大）只有六百多学生，美国的中国留学生，归去大都是工程师、教授、医生，而我的学生，回中国后，很多会是政治上、社会上领导改革的。"此老那时国际地位很高，其实年纪并不很大，又是倚老卖老了一番。斯大林原是他的干部辈份。我想蒋经国，在学校所受吴稚晖、拉狄克两先生的启迪，是难得的、可贵的。一个国家的各大学校长人选，是如何的重要呵！大学校长的气识不够宏大，要贻误许多英才的。

中大学生的食宿，比之东大，好上一倍。周末中大同学上山东馆去了，东大同学常来参加会餐。俄国农业社会气习尚存，加上对待外国非共党学生伙食较丰，餐厅较佳，还有俄国少女白衣白帽地笑容送餐。大桌供单身男生使用，小桌供女生及其男朋友同餐。女生住校，男生分居中国城大厦，或旧日王公邸宅。我在西欧、美国所见，中国留学的食宿，皆有不及，甚至牛津、剑桥的餐厅，因传统所限，亦不如中大精致。暑假且到旧日皇室暑假胜地消夏。这是国内朋友常问到，（他们皆以为很苦）使我难于答复者。中大另有一特别事例，国内要人前往莫斯科者，自然争往中大参观，均由中大奉上名誉学生证，列为校友。中大无学位，此亦类似名誉学位。如胡展堂先生等人，也只好“哂纳”，并不重视，但如冯玉祥者，则珍惜之。胡木兰小姐已注册读书，冯家子女，亦皆入学。至于中大校名，原为俄文纪念孙逸仙博士而设的中国劳动大学（当时在苏联，劳动二字，为至高无上的称谓），俄文省写是 Y.T.K.，遂以$\overline{\text{YTK}}$为校徽。我国译为孙文大学或中山大学。据胡展堂先生自俄返国，在广州对我们的解释，以称“旅俄中山大学”为宜，因为该校经费，原说是应退还的俄庚款，学生都是我国政府派去，主权似应操之在我。同时广东大学，已改名中山大学，可并称也。

国共斗争

留俄中山大学，既有几百名中国国民党党员学生，在联俄容共的前提之下，公开地进入莫斯科，自然应有中国国民党党部组织公开的存在。然而在苏联来说，依照他们国家的宪法，是不许有第二政党，苏联是一党（共产党）专政的，在这种僵局之下，就发生大问题了。最后经过极其困难的协商，乃假借在第三国际的名位之下，准许有中国国民党留俄中山大学特别党部的设立，绝非共产党的所谓“旅莫支部”，我们非共产党员，不知其经纬。这是苏联历史上特大的牺牲，而使全世界注意者。十五年三月十二，我们国父周年之丧，苏联政府的纪念会，与中国国民党的纪念会，合并举行。地点在工人总会（有如台北的中山堂），仪式隆重，苏联的党国要人云集，中国学生全到。开会的程序中，苏联由托洛斯基致词，对我们国父的伟大，至为推崇。但有云：“中山先生的三民主义思想是就时代顺序而演进的，辛亥革命前，已有民族主义；民国成立，即有民权主义；联俄容共后始有民生主义。”托氏原意是推重中山先生。共党学生无不鼓掌，好在胡展堂先生作答词时，表示谢意之后，力辟托氏之说，且原谅托氏非亲身追随中山先生者，故有此误会，举出同盟会约章“驱除鞑虏，恢复中华，建立民国，平均地权”

以对。托氏再起立接受胡先生的意见并表歉意。胡先生回国后，拨冗写出《三民主义的整个性与连环性》，有所谓而云然。我到中大之后，同学谷正鼎（自德国转来）与罗方中（湖南第一师范同学，北大毕业），对我常谈及这一类的事。而另一由法国转来的湖南一师同学欧阳灵泽，则仅大谈苏俄革命如何伟大，欧阳与罗皆为湖南一师同学，与毛泽东同一年级，谈到老毛，一个大捧，一个大骂。

我们抵达之初，中国国民党部即开欢迎会（自然包括跨党的共产党员），主席是拥汪精卫的陈春圃，排定由我作政治报告，杨大可同学作管理委员会报告，梁干乔同学作沿途情形报告。我分析国内革命情势，尊重蒋公北伐领导（当时共党秘指蒋公反革命），就大势说了廿分钟。杨、梁各廿分钟，均博得许多掌声。散会后，发现校长拉狄克先生也在人群中，含笑点头。隔日，国民党被共党指称有小组织的谷正纲、正鼎昆仲，康泽、罗方中、皮以书、张岫岚等同志卅余人，共往一处吃中国饭，皮以书掌厨。但只邀我与杨大可，梁干乔未被邀。谈了很多，不外党事，有如家人。

我到莫斯科，中大同学的国共之争，高潮已经过去。谷正纲、正鼎昆仲与其他同学的反共小组织，到了转明争为暗斗，不过壁报栏上所谓的理论之辩，还有萧赞育同学“小戴季陶”的绰号，流行未已。同学间共产党骂国民党为小资产阶级，或布尔乔亚（Petty bourgeois）而自诩为无产阶级，或普罗（Proletariat），正热闹着，骂人封建、宗法等术语，是口头禅。有时布的、普的，自己也闹不清楚，胡来一通、Miss，Mr. 之称，已经绝口，谁如此称谓，觉到羞耻，至少是不时髦。有时为此打了架，女孩哭起来，竟有人向拉狄克校长气虎虎的告发，拉狄克先生笑了说："中国无产阶级尚未起来，国民党员大都来自小资产家庭，本来面目，何气之有？难道要化装或带假面具吗？"师生尴尬而笑，也就算了。有一天，有一个从法国转学来的共党同学，原很漂亮、又爱穿着的公子哥儿，骂我"小资产阶级"，我骂他"无产阶级绅士"，他为之语塞。同学总是同学，要人们的子女，少爷、小姐不少，国、共之间，如此笑话亦多；尤其主义之争，大家都不放松。常开玩笑，而闹大事。

有一次，问题可闹凶了！共党同学久谋揭穿国民党小组织，那时高唱国、共合作，小组织（自然是秘密的）是犯纪律的，而其实，共党寄生国民党里，整个是秘密的小组织。某日，有共党王稼祥者到厕所小便，裤袋里露出一卷什么文稿似的，其同班同学国民党员唐健飞，原本斗争大将，声宏嗓大，毛发高耸，绰号土匪者，戏将那卷什么的当众偷到手里，看他有无敏感。不料那是他秘谋控告国民党小组织的文书，王慌了，唐倒有了警觉，发现就是指控谷正纲、谷正鼎、康泽、邓文仪、萧赞育、唐健飞本人等有小组织名单与行为的秘件。说来也是真有其事，唐健飞骑虎难下，率性又告王稼祥秘谋破坏国、共合作。两造都告到国民党部监察委员会，事先原被共党目为偏袒国民党的校长拉狄克劝息不了。共党正谋借此杀减国民党的骄气，要求监委会严惩，我无办法，只好以调查真相为由，拖延下来。巧的那时正是谷正鼎与皮以书恋爱已经成熟，某日我为处理该控案的调查事项，到国民党部办公室去，见门紧闭，张岫岚同学站在门外把守，我更好奇地闯了进去。只见皮、谷正在总理遗像之前，拥抱为礼，山盟海誓，就算结婚礼成。我们四人笑成一团，张本奋勇红娘，我自封证婚人，恭喜贺喜一番。张现任“监察委员”，谅能记忆此一天涯往事。萧赞育兄在悼皮、谷文里，已写出皮原为少共转回国民党的。此一喜事，当时我们喻为共党赔了夫人又折兵。

国民党部委员任期，只有三月，期满例开党员大会改选。执行委员会主席陈春圃作工作报告，谓我羁押控谷正鼎等（其时谷正纲邓文仪已回国）小组织案，行同右派。照例由监察委员主席批评执委会工作时，我火了，加以还击。原因是该案王稼祥控告谷等的资料，系国民党小组织中人有一姓黄者，被共党吸引后道出内容，所作供给。而陈春圃报告中，且说那黄某为觉悟分子，应予嘉许。我强调党德和个人操守，不禁冲动，信口溜出："如此觉悟，恰似某元老学者忿语：'女人偷汉后，穿上裤子，马上又称处女，'如此嘉许，不啻劝人为娼。"惹得哄堂大笑,共党分子阻止我说下去,用俄语连呼"够了！够了！"国民党员报以俄语"说下去！说下去！"我当然冷静的说下去。完了,共党报以嘘声,从此我被削职为民,绝无一官半职了,(当时中大美其名学生治校，有学生当局之称，各种苏维埃名目繁多,几乎每人都有一委员官衔。例如秦邦宪虽系苏州工专毕业，而言态老粗，被选为饭厅苏维埃委员。）在我是适中下怀，落得安心读书。那天散会后，段世援同学，拖着陈春圃质问："你说白同志右派，按苏联宪法，凡准在境内居住有时者，皆可称公民，右派即反革命，可以处死，你愿害人，讨好共党，我段某一滴血，准备流在莫斯科"。几乎相打起来，还是我站两人之间，劝解了事。翌日课毕，小段（他瘦小年轻众称小段）拖我到学校前广场大教堂后，面对莫斯科河，他说得哭了，那种天真稚气，我永难忘。

其他活动

我被削职为民后，常到高年级旁听名家讲授，且被派到列宁博物馆，为中大东方研究所抄录我国太平天国资料，也确见到些珍贵史料。读书固有兴趣，有时闲下来，想家、想国，亦感虚空。某一周末，夜回宿舍，邀同班同学张云伏（四川人北大毕业）同路步行，路上遇大雨，入一咖啡店小坐，雨不止，冒雨边行边谈，让雨水沿帽边流在大衣上，滚到地下，抵宿舍，全无倦意。适我二人从蒙古城大厦转来，住在旧日王侯邸宅的小姐闺房，不能成寐。回味前数日参观某军事展览机关，该大厦系革命后充公的某王府，据导游人（红军伤兵）解释，进门大厅，王侯宴会时，跳舞通宵，那进门大厅不用衣架，两旁站满奴隶,排队而立,捧着客人衣帽守候客人的进出。衰落的王侯，养活不了的奴隶，每名两哥比出售，此类种种传说，已觉北欧之熊的可怕。而苏俄革命党人屠杀贵族，制有风景明信片发行，此芝加哥屠宰场屠牛、杀猪、宰羊的状态，更为凶残。至于其囚杀皇室的惨毒，外国报章、杂志专载所传，共产党人尤津津乐道。

国、共理论之争，那时我们毕竟年轻，所学有限，但是大的轮廓，我们也算清楚了的，兹从略。有些教授并非共产党员，来自德、法两国大学者多，也不胡扯。间常我们提出很尖锐、难解决的问题，他们只好默不作答，或笑笑而已。听说中大筹备两三年，课程内容及教学方法，都经过缜密讨论的，不过分班太多，有时只好找人客串，很难免于疏漏。有一次俄文班上，一位漂亮太太，（驻上海俄领馆有年），对我们颇有亲切感，解释苏联国名“社会主义苏维埃共和国家同盟”U.S.S.R.（俄文C.C.C.P.）与苏俄不同之处，一时不慎，说出苏联是以苏俄为中心，不如苏俄有受地理限制，而是政治意义。例如苏联那时是十一个共和国（最初只有七个）的同盟，将来世界革命成功后，全世界所有国家，都要纳入苏盟。东欧共产国家，尚未正式加盟前，暂称人民共和国。不久中国革命成功，即为苏联同盟之一，或暂称中华人民共和国，印度、朝鲜也是一样。我们多人笑了，且说没有那么容易吗！又说世界各国皆成共产后，恐怕你们自己又会掀起战争了。她似有警觉，脸上脂粉一起红泛了。听说她以后受了处分，我们再问及苏联国名的意义，她就含羞带涩的说：“我也还没有弄清楚哩！”

中大几乎没有放假，即令胜地消夏，也是集体讲习。间常某一课程结束后，由分班教授领导，参观名胜、古迹、模范工厂、国家商店、国营农场、集体农场。所谓新经济政策的无产阶级建设，不外是停滞、愚昧、浪费的样板，退一步进两步，实难自圆其说。我们发问，他们回答，局面时常尴尬。最难堪的一次，是参观模范监狱，接待人员说得如何如何的自由，犯人隔栏的说：“不信他们欺骗、胡说。”翻译人员指其为精神病患者，大家都一笑了事。有一次参观列宁学院，见两三研究生的案头，有普列汉诺夫的名著《唯物史观》一厚册。我问此书与中大用的布哈林所著孰为优劣，他们没有党的顾忌，都说自然普著为优，还略加解释，使我们惊奇，真读书人到底是读书人。“行政院长”蒋经国兄，中大毕业入陆军大学后”曾先后入该研究院，共有六年。我们还参观过第一大学、第二大学，前者重文哲，后者重理工。医学院附近第二大学，建筑壮观，有似美国芝加哥大学类型。见到第二大学生物学老教授，正在研究白鹤的变种，指导员说他卅余年未出校门，简直不知有世界大战似的。可说苏联十月革命,并没有破坏学术研究,大学是依然完整。

中大名人讲演很多，当然是着重宣传，也可启发青年器识。民国十六年三八节，女同学们开纪念大会（时间在下午课毕，并非女生缺课的闲玩一天），特请三八国际妇女节的发起人查德根女士到校讲演,彼时她已很老,由汽车缓行而来。到达中大，女孩们簇拥入礼堂、上讲台，伏案休息后，始起立讲话，声宏嗓大，越讲越起劲，天生的革命妇女，讲演完了，又休息一会始离去。散会后，在咖啡走廊邵力子的媳妇朱有伦问我：“今天如何？”我说：“你们像大观园的丫头一群，侍候史太君讨赏。”她说：“你封建、宗法、满脑子小资产细胞，我骂准了吗？”我说：“你就是普罗少奶奶呵！”她是漂亮人物之一,似乎对“少奶奶”很欣赏，但普罗到底时髦些。朱女则游莫斯科河遭溺死，往救而殉死者，有我的同乡谢清（广东高师毕业，公费留法，弃之而向往中大）。另有一次列宁夫人到校讲演，气概不同，虽曾革命，仍是贤淑夫人，共党女生又视为鸦妈妈。又有一次请巴黎公社未死的两位法国老头讲演，七扯八拉一阵，真是所谓“精神讲话”。

中大晚会，每周必有，节目繁多，东大多种东方民族的同学，常来参加表演，如康定情歌、高加索跳舞之类，层出不穷，颇多精彩。可是幼稚的俄国共产党人，又常对我们骂印度人、高丽人的不长进、骗他们的钱。有一次中大同学自己搬出平剧彩排，由山东老乡那里借来全套衣着、文武场乐器，凑合起来，倒蛮热闹。剧目是四郎探母坐宫一则，外国教授们特别来看者多，我坐在几人之间，半吊子不到的英语、俄语一齐出笼，大充翻译，也还能说出情节的大概。他们听了齐声说好，但夹一句“太国家主义了”。邓肯女士的跳舞团过莫斯科，也到中大表演一场“悼孙中山先生之死”。又如莫斯科国家大剧院，名家太伊诺娃的芭蕾舞和共党特色的蓝色歌舞团，也曾给我们去看过几次。凭中大学生证，可到百货公司计账购买。俄共对中大学生与东大学生，完全不同，一切待遇两样。东大学生全系共党干部，言行皆受党的制裁，中大国民党学生，则同化外。托洛斯基有一次在中大讲演，鼓吹中国国民政府与苏联政府合作，中国国民党与共产党合作，中国青年与俄国青年合作，男女都要合作。因此俄国女孩给中大学生生下不少私生子，但是反共还是反共。相反的，斯大林利用托派罪名，也杀了不少中国青年。而托洛斯基何尝想到有如此的因、如此的果呢！

十六年三月十八，中大为了纪念北平“三一八”惨案，筹备中国革命文物展览会，假某博物馆走廊举行。事前组织委员会，指派我为主任，共党同学张琹秋为副主任，夹有几个俄人教职员为委员。张为同学沈泽民之妻，漂亮人物之一，沈也曾和我谈得不少。皮以书在校以能干见称，有似当家嫂子一流，张琹秋则似敏慧、贤淑的小姑子一派，和他一同筹备，俄人更发起劲。十余天课余时间，我和她步行来往戈果尔公园，她一谈到马列主义之类，我就顾左右而言他。她还说：“你和泽民辩论不休，谈个不了，何以和我一味支吾？”她柔和，我客气，始终保持党的距离，一点也不普罗（报载她回国被西北军阀拘捕时，受苦很惨，在北平毛政权下只当过纺织部一任副部长）。展览的文物，除中国革命先烈、元老的墨宝、史迹和其他美术品等类，凑合而来。由我提供的，是谭延闿先生代国民政府主席时，专送广州留俄学生管理委员会，交给我的那封亲笔疾书的信，和北大教授陈翰笙夫人顾淑型（来自美国的同班同学）参加三一八惨案染有血迹的蓝呢大衣。一切在外国人眼里，还很欣赏。

我个人还不知就里的去参观了第三国际一次大会，参观证是学校经卜士畸（道明）同学给我，说是学校学生参观证，只有两张，一张是给代表国民党曾任党部委员者去观摩，为何给我？也许是卜的偏私，他是在长沙中学时代初习童子军的小弟弟，另一张给谁则不知道。会场在克你魔林宫（我向用的译名）一间中型礼堂，金碧辉煌，座位不多，设备现代化，有人发言，即时有多种语言的翻译。主席台上我能分辨的，只有妇女元老查德根，和日本代表片山潜。大会秩序与气氛，普罗味重，还有些小房间里，多种语言吵吵闹闹的，我也没有看出个名堂，说不上观摩。有几个中国面孔，我不知其名，只认识邵力子是中国国民政府观礼的代表，那时邵在莫斯科很受委屈的，无聊之至，故常旁听上课。北京军阀政府，还有公使馆在莫斯科，苏俄政府，依然按礼相待。

回国之前

民国十六年四月十二，南京宣布清共，震荡了莫斯科。中大国、共之争严肃化了，共产党员内心忧愤，国民党员则私心窃喜，彼此谈话有了分寸，有时甚至不免尴尬。最难忘的一幕，五一劳动节，中大学生自然列队参加红场庆祝阅兵典礼，红军队伍特别起劲，准备动员似的，倒也给我们看了一次大热闹。主席台设在列宁墓上，斯大林的演讲，强调保护无产阶级的祖国——苏联。中大队伍，还有共党扮演侮辱蒋公的化装，（真理报载有我政府以＄淋浴的画像，而那时我政府与美国并无若何关系），观者路为之塞。前进不易，我们恰好停止在第一大学门前，我和一位语言天才的王姓同学，就地坐在行人路边休息。听到后面两个女孩的笑声，回头一望，是一对姊妹花，第一大学哲学系学生，英语亦流利，攀谈起来。她们开口就问："听说你们很想家，是吗？"我们同声回答："当然！"王亦有未婚妻等待结婚，触起我们的乡思很大。回校用餐，我发现罗宋汤内有一大片树叶，借故发泄无名火。那最漂亮的饭厅小姐马露莎，来挡头阵。问明原故，说明这叫叶树之叶，是主要调味品，谁碰上了，很快结婚，羞我而去。我碰钉子，哑口无言，只好把玩刻有或印有YIK校徽的刀、叉、匙、巾，吃了一顿闷饭。想到苏联两大报的巷议"真理报无真理，消息报无消息"，以及四月十二前《伦敦时报》"中国人的事中国人自己会解决"的预言，已入遐思。朱务善来到同餐，谈及《真理报》侮辱我政府的画像、中大同学的化装，彼亦愤恨。彼虽共党，然爱国心重，听说后来给俄共以托派罪名杀了。

五月十三日，（我从不惯记日期，这一天我永远不忘），斯大林特别到中大讲演，（不见拉狄克只有副校长米夫接待），此人体态结实，说话极稳重，两句、三句，即嘱翻译，译员请他多讲几句再译，他说："怕靠不住"，大家笑了。他演词大意："中国革命（指共产党革命）的失败，归罪于苏联托派与陈独秀指挥的错误。苏联绝不能失去中国，此时苏俄最大的敌人，还是英国。"历数："一年之内，英国特务在莫斯科制造暴乱与暗杀事件，平均每天有一次，威胁连你们也在内，你们在安静读书生活中，何尝知道！"且举："最近驻伦敦苏俄商务代表办事处被抄，与华沙车站苏俄驻波兰大使班可夫被刺的事例，就是英帝国主义者力谋捏杀苏联的成长，而欲倾覆之。"又有云："进攻莫斯科，必须绝大的陆军，虽拿破仑之雄，亦大败而去。英国海军，对俄几无用武之地，（按那时空军威胁不足惧），必须与德、日两国拉拢，东西夹攻。故苏联也必须与波兰、中国紧密的结合，这是苏联接壤的两个陆军国家，也就是保障苏联的要道。"至于在中国，他不忌讳或不知道，我们国民党员的在座，竟提出加强"两个政权"的策略，即一面与国民政府左派加紧合作，一面整顿农工苏维埃的地下政权，尤以后者从事颠覆为最重要，即令与国民党闹翻，亦必全力推进地下苏维埃。我本有详尽的笔记，回国束装时，学校叫我们的书籍、课本统交校方邮寄，并说我们路上必遭检查，以策安全，冠冕堂皇的被扣留了。

五月十三以前，我和同乡李安甫老大哥（留美谭延闿先生的秘书），在咖啡走廊闲聊。忽见几个俄国老头，大衣领上翻、帽边下垂的来校，直冲校长办公室。李同学老于世故，察觉了老头们有面贴纱布者，叫我注意。后来方知那几位老头，是老布尔什维克团的要人，据说俄共中央党部，那时重心尚在列宁格勒，中国清共事发，他们大开其会议，倚老卖老，痛斥斯大林的无能，被定时炸弹炸伤，星散来到莫斯科，与中大拉狄克校长等人有所会商。托洛斯基、拉狄克，乃至右派的布哈林，也在中大大演其讲，公开指责斯大林的领导错误，致有中国事变。拉氏演讲，还肯定中国共产革命必会延迟十年。那时中大国民党员，沈寂下来，静待事态的发展。但听说中大共党的“旅莫支部”，则闹得天翻地覆。而且共党视领导权为生命，有留法一派，乃乘机打击陈独秀，中国托派也就兴起。这些我们是门外汉，如由中大、曾为共党的同学道来，必最为多采多姿，可歌可泣。那时中大共党常开秘密会议，给了我们一个认识谁共、谁非的大好机会。每当学校寂静的时候，我们到咖啡走廊、图书馆、研究室、课室、俱乐部以及宿舍，不见了旧日好友，就知其“别我们而去了”。过去我们也用此法测知旧友的变化，但不如此时的总结算。过去倒蛮好玩的，对已知变化的旧友，曾调侃其为前进，此时，则心照不宣的各有苦衷了。这也是炎黄子孙在莫斯科中大所遭厄运。另有一幕，是我们返国后的苏俄十月革命纪念。红场庆祝大会中斯大林演说毕，忽有一批中大为首中国学生，高举怀中取出的红旗，大声疾呼“打倒斯大林”、“拥护托洛斯基”，全场哗然，构成苏俄共产党上的一大污点。以后发生很多可歌可泣的故事。这是参加人梁干乔返国后，亲口对我说的。

局面渐趋明亮，七月初，第一期举行毕业典礼，学校指定康泽答词。大家有些着急，他的演说，一向慢而且长，态度认真，怕他言多、情激有失，幸好他那天简单明了，礼貌周全，大家鼓掌，他亦现有得色。毕业自然回国，不料隔几天，学校宣布第二期三百数十人中有我们卅余人一同毕业回国，而第一期毕业者，并非全体回国，连我们一共只有一百廿余人。某晚适值周末，我同杨大可访贺衷寒，贺早已转入陆军大学，住在戒备森严营房式的宿舍，一见面，他说：“料到你们要来。”相谈回国后的大计，不觉时限已过，大门落锁，准备作彻夜谈，自炊宵夜，谈得太多，已不能支。乃于单人床边加坐凳，三人和衣横睡，还有现在台湾的“国大代表”，那时亦陆大学生的杜从戎兄，与其夫人则更上一楼安睡，那都大犯禁例的。翌晨回到学校，同宿舍的国民党同学（我非国民党小组织中人），正在惊慌，以为我和杨迷失，或遭不幸了。一经宣布我们部分国民党同学回国，学校气氛为之一变，我们准备起程，毕业的共党同学，调去军训或暗中间道返国。我们之行，如同两国绝交，卷着国旗而回。学校方面，大费周章，安排我们分三批乘车到海参崴转船到上海。第一批走后，相隔旬日，我们第二批才出发。闲在学校，十分无聊，每日坐在校园草地，晒太阳，聊闲天。国民党员人性未除，对于临去景色，未免到处有情。列宁山（原名确山，昔为炮台），我们常去之地，春天雪仍未融，而莫斯科满城教堂多，金顶已全露，太阳反照，山上下望，至为美观。夏日则为青年男女歌舞之地。学校嘱我们这几天不要乱跑，我们还是溜去告别。记得于右老游确山有咏："拿翁去兮不复还，何人倚剑列宁山？山前歌舞山后浴，而今贫民消夏湾。"写尽了胜景。抚今追昔，希特勒之未能攻下莫斯科，由于日本无耻、无知地助俄，倘或日俄再战、中（共）日再战，美国将如之何？应痛悔雅尔塔之罪，输诚与我们合作罢！

那几天之内，我还到东方研究室、经济地理研究室，抄了些书目，惜乎未能带回。经济地理研究室，设备齐全，（图表、标本、幻灯片，多由牛津出版），此之后来我在伦敦经济学院等处所见，并无逊色。还有可纪念者，在经济地理讨论班上，我的英语太差，全靠并坐的一位女同学口译，教授李普曼，却欣赏我的意见，更是传为笑话。等到我们启程上火车时（专挂车厢），我被指为第二批负责什么的人，教务长博格勒衣夫将卅余人的护照和路上零用钱每人四十卢布，统交我保管或分发。并嘱我转告同学们一路小心，只说是往远东省旅行，切不可谈及归国事，因为那时西欧国家报纸，载有一批中国右派学生回国，恐路上俄国左派幼稚病者，对我们不利，惹出事来难办。同时只见身怀有孕的皮以书同学，哭着、闹着，定要下车。事缘谷正鼎未来，是排在第三批，教务长只好带着皮回校，第三批同谷正鼎再来。教务长说，绝对是好意，因为与好友女同学张岫岚同伴较方便。且祝我们一路顺风，欢迎以后再来俄国，我们也说欢迎他来中国游历，一一握手而别。那教务长是个办教育的老手，为人诚朴。后来正鼎告诉我，他留在莫斯科，倒很自由，晚间常同杜从戎散步克里姆林宫下，莫斯科河边，杜对他说，如果毛子对谷不利，杜着陆大制服，腰缠手枪，即与之一拼。西伯利亚车上，我和康兆民上下铺睡，谈了不少，海参崴逗留数日，同往市郊游览，谈得更多，渐成深交。正鼎伉俪来到，我们百余人一起上船，经朝鲜元山津，停泊两天。日本警察原不准我们上岸，我们何处来，何处去，其实他一清二楚。日警照例查问时，由谷正鼎用日本话同他们胡扯，好在正鼎手中原有留学德国的护照，就说我们都是乘欧亚国际通车游海参崴而来。日警也装傻，让我们有极少数人溜上岸去一游。实际上俄国政府为了我们这批同学，也费尽心力，沿途保护，我们看不见，在海参崴，大家生活更是无羁，俄国政府还顾虑到我国政府的误会，虽有电报通知，只派十人先行，说是船位有限。果然那十人船到吴淞口，就被上海警备司令部羁押，好在有黄埔同学数人一见王司令柏龄，就弄清楚了。待我们到达时，政府有人来接，专挂车厢，安抵南京。

回国之后

我们返国之初，在上海休息几天，由政府招待，并接受市党部的欢迎，时间定在晚上，我们已推定谷正鼎作报告。不料当日下午，暗中发生纠纷，上海清党后主持市党部者，为西山会议派黄惠群（原名黄英），彼初自德国返来，留学德国时，与谷正纲、正鼎昆仲（旅欧国民党支部选送留俄中山大学）分化为左右两派，不无斗争。黄乃于此时反对由谷正鼎作报告，恰巧黄妻张平江，与皮以书在北平读大学时，和康伯倩（均为四川人）诸人之间，时有龃龉，不无夙怨，青年人意气之争，一时搅在一起，弄不清楚。四川同学李秉中与张平江相识，出面调停，黄、李不相识，适黄在被欢迎的名单中见到有我，定要找我一谈（我未告人的出外还惹同学误会）。黄与我是五四运动中长沙反毛泽东的好友，话就好谈了，欢迎会按时举行，散会一团和气。青年人好争面子，但皆出真诚，内中情节，长沙、北平、柏林、莫斯科、海参崴、上海、南京，一贯写来，可成一部反共、抗俄、言情的章回小说。到了南京不多日，蒋公第一次引退，返奉化，旋东渡，丁鼎老（惟汾）也离开中央党部。对我们回国的一切照料，原由蒋、丁两公派人主持，中央党部招待，适逢暑假期间，暂住金陵大学楼上教室，李宗仁的第七军司令部，此时亦假该校。孙传芳渡江反攻，龙潭战起，李宗仁发给我们每人随行证明一张，万一撤退，以便我们同行。康泽、段世援与我胆大妄为，不甘住金大教室，搬入友人袁同畴兄寓所。一日下午，轰传孙军已进城，局面紧张，我们三人正在成贤街教育馆饭店晚餐，忽见大队孙军门前过，仔细一看，是被俘孙军列队进城以安人心者，不禁拥抱雀跃，飞奔金大，报告同学，而他们早已知道，反在担心我们脱了联系。接着特别委员会成立，西山会议派主持中央党务。那些老先生对我们还好，继续招待，不过我们离开南京，必须先向中央报告。我一次往上海看女友（现在的太大），向组织部长谢持（慧生）先生报告，他当面自掏腰包，送我廿元路费，还令我非收下不可，问了我很多，关心无微不至。按理西山会议派对我们留俄归来，可能有歧视，然而此之后来的新官僚，好得太多。

在上海路遇好友刘某兄长，前广东大学教授，由江西来，邀我到旅馆作竟夜谈。谈完我留俄印象后，他说毛泽东已入山为‘匪’，口号农民暴动。我忽然拍案叫出“我懂了！”他问我为何如此，我问他：“毛为‘匪首’，喽罗何来？”他说：“农民讲习所学生。”我又说：“所以我懂了。”我赴俄前在黄埔军校作“政治报告”，由共党易礼容（长沙学运同事）转告，我到东山毛寓，谈了很多。要紧的如下：他开口便说：“我非劝你入共产党，但劝你赴俄求学，不要先下结论而后研究，这且不谈。你反对共党，也很自然，不过你所知共产党员的坏处，没有我多。他们拥在广州做官，下层毫无基础，军阀一开口，一切完蛋。”我问他：“你怎么办，可得闻欤？”他拍拍胸膛：“我自有办法，但怎能告诉你？将来且看罢！你到莫斯科一定会碰到蔡和森与向警予（蔡妻），请将我们所谈转告。”我抵莫斯科，遇着蔡氏夫妇，据此以告。那时毛为中央宣传部副部长，一心办理农民讲习所，身兼所长。蔡和我谈得很多，向为内子幼时湖南第一女子师范高班同学，且为乃姐任培道（“立法委员”）的好友，视余妻为小妹妹，对我也许是党的成见，似有轻视，只把我当小弟弟看待，不谈党事。蔡和我谈话，多次在公园，平时我们国民党员公园谈话，一定有共党拥来参加，蔡和我谈，则无人来。最后一次，在我返国之前，我问蔡：“毛之所云，你懂了没有？”他说没有想透，我追问他：“以后你将如何？”他说：“我把马克思主义当学术研究，也可以说是宗教信仰，共党的成败是在其次。”马上又补一句：“共产主义一定成功。”他只是个读书人，有“中国布哈林”之称，中国国学根底极佳，向亦如之。留法勤工俭学，误了这两位学人。蔡为清贫士族子弟，向则为名门世家闺秀。留法勤工俭学生，大都出身小资产阶级以上的家庭，何以多数去搞无产阶级革命？影响中国太大，汪精卫所言失败，值得研究。

十七年蒋公复职，丁鼎老复出，任中央训练部部长，我们归国同学慢慢都有了安插，对于党的建设都有一番抱负，惜乎未能得售，分散地方者多。蒋、丁两公虽竭力扶持我们，然而大家都不免受了些冷淡和歧视。回忆十四年在广州，国民政府发榜后，军、政方面，多设筵饯送。即我个人，接受黄埔军校党部饯送，教育长王柏龄主持，席间欢谈，他唱扬州小调助兴，亲如家人。湘军总司令谭延闿先生与第二军军官校陈教育长嘉佑、第六军军长程潜与政治部主任林祖涵，又分别宴请湖南全体同学，席间致词，个个恳切。最难忘的是穷秀才、前湖南第二师范校长、广东大学秘书长张炯（星舫）和第一师范学监方维夏、长郡中学校长彭国钧三位老先生。在广大校长办公厅合请第二师范毕业生张镇、长郡中学毕业生谢清、第一师范毕业的陈书农和我,(陈、谢是广大派送留法),尤为亲切,俨如家长送子弟远行。最有趣的是两名年轻貌美的广东女同学,更为热闹,如中女状元,只少骑马游街,(汪精卫茶会后照相,还和她俩攀谈,也就后来分别做了林柏生、陈春圃的妻子,中大有一号、二号之称,听说一号又称苹果者,现在香港做子孙满堂的福婆)。谁知我们回到南京遭受冷淡和歧视,有的自寻渊源各奔东西。接着走向中央以外的派系,不仅我们如此,还有许多参加北伐的青年同志,也离开中央了。至于共党的毕业同学,被俄国遣送回来,也有许多游离分子,比我们更糟。蒋公有知,即命中央党部开办留俄学生招待所。也有些潜入山西,闹了一个大乱子,组织一个什么"中社",俄语发音"拾你己",自有企图之意。口号既不属共产党,亦不属国民党,在阎百川先生麾下,翻云覆雨,使得阎先生至少头痛,大感困扰。还有的在广西也搞了一套,主持其事者,原是李宗仁亲信的王公度(中大平剧社胡琴高手),结果被杀了。又有些原为共党领导分子,到了莫斯科在中大大反其共,例如广西就有这种角色,返桂大做厅长或其他要职者。也有人同我们在中大一起反共一起回来,不久反而加入共党了。例如我同班、同船回国的刘燧元,岭南大学毕业,与甘乃光为好友,赴俄前,是国民日报主要编辑,回国后再到西欧,忽然左倾,据说与曾在中央党校训育工作处的聂绀弩、教务处工作的罗方中，同样的参加共党去了。总之，不论反共、亲共，当时皆置生死于度外，出自青年们一片热忱。青年难免错误，总得政府领导有方。当年的新官僚们，何能知此？

廿七年在汉口，国共一致抗日，开了一次留俄同学聚餐会。共方到有吴玉章、董必武（中大后来设的特别班同学）、周恩来、陈绍禹（王明）等人，我方在武汉的同学都到，极一时之盛。但只谈联欢，周恩来、梁干乔斗酒，贺衷寒、康泽助阵。闲谈中我问吴玉章："你在广州出席国民党第二次全国代表大会，任秘书长，着大礼服，记得吗？"（我非代表只是旁听）他笑了。董必武岔开话头地问我："你是徐特立的学生吗？"（徐也是特别班同学，未到会，往长沙去了）我说："是！你很多地方全像徐老师。"他也笑了。我问陈绍禹："日前报载'满洲国'总理朝日皇后，由外相率领往谒西园寺公，数次未见，最后一面，西园寺公只说：'这次中日战争，中国完了，日本也完了！'而罢，你看见吗？有何感想？"他茫然。再问董，他倒干脆说："不知道这消息。"以后在重庆，周鲠生先生问我："陈绍禹在国民参政会发表意见，言语态度，完全学生会代表似的，何以如此不成熟？"我说："陈绍禹就是这样一个共党要人。"参政会在台者，必尚有人在，可以证明周先生之言不虚。前年陈死于莫斯科，享有国际盛名，我和匪情专家、政大教授王健民兄谈及此事，我称陈绍禹为“幸运的党人”。因为他在共党要人中，做事未吃苦，读书不用功，而且年龄较小，只不过做人乖巧而已。记得我参加胡适之先生追悼会，联想到改组派人称汪精卫为“薄命的党人”，曾向政大教授、“立委”邵镜人兄称胡先生为“幸运的文人”，邵兄叫绝，且转告他人。如此并称，恕我得罪胡先生，不过事实上堪称巧合。陈绍禹在莫斯科中大最后爬到少共书记，以巴结副校长米夫起家。米夫也是共党小白脸，典型官僚，是斯大林派在中大监视拉狄克，专管共党事务。我们国民党员，与他极少接触，窃笑他是斯大林的干儿子，则有之。同学呼陈绍禹为“小官僚”、“洋奴买办”，所以我另一学长郑学稼兄称他是“米夫斯基、王明、陈绍禹”。论读书，恐怕他只熟读斯大林著《列宁主义问题》一书而已。但是他做官的小聪明，确有一套。例如中大礼堂翻修，大会无处进行，我见陈绍禹想出一个办法，在图书馆两大阅览室隔门之间，设主席位，六百多人分坐两室，主席均可照顾，两室发言，有时不见人，亦可闻声。如此之类，就是他在共产党窜升的“出师”之作，毛泽东那会欣赏这一套。所以陈在大陆搞不出名堂，只好躲在俄国哄老毛子。其实这种要洋人的官僚、政客，乃至学人，何处不有？挟洋人以自重，陈绍禹深得此中三昧，不失为高明。好官我自为之，虽不啻给洋人当猴儿牵着要，在所不惜。陈享盛名，只能说是祖上有德。记得我返国前，在中大东方研究室遇着俞秀松，还是谈得很多，不欢而散，我向他惜别，他说:“不必了！谷正纲、邓文仪不是提前回去了吗？报载邓文仪还说清共必需‘除恶务尽’哩！”带有忿气。此人拙诚，后来在新疆工作，陈绍禹过境，很缺德地指俞为托派，盛世才亲斯大林，遂将俞等数人杀光，俞本斯大林派赴新疆者，与陈绍禹的命运相距之大。我一向和俞秀松等人谈话不拢的要点，北极之熊的东方天窗，中国首当其冲，以及蒙古人的侵俄，世仇未已。我一句令他们最伤心的话是:“我们脸孔是黄的，这是唯物的；三民主义毕竟不是共产主义。”

结　论

中、俄共商创办留俄中山大学，是一远大的国际政策，可能影响世界政治者。在苏俄固别有用心，而我国政府与国民党则是一本至诚，以为苏俄一反帝俄前非，真能以平等待我共同奋斗。国父联俄容共之前，日英两国虽有矛盾，而谋我则一；美国孤立主义极盛，战后欧陆诸国，疮痍待复，且北洋军阀与日本政府勾结日急，国家命运，危在旦夕，联俄容共，自有立场。谁知列宁死后，斯大林崛起，北极之熊，故态毕露。苏俄十月革命之秋，民间原有“俄国人持着俄国人造的枪，听犹太人的口令，屠杀俄国人”之谣，且渲染列宁的蒙古血统。斯大林因势利用，赤色帝国主义替兴。十九世纪资本主义开始溃烂，马克思思想之为害，不免是其父杀人报仇，而其子必且待劫，势所必然。斯大林输出列宁主义，借以灭亡盟友之国，日愈显著。“托洛斯基、季诺维也夫分子”的左派，与“布哈林、李可夫分子”的右派，以及拉狄克等人的齐被杀光，又何足道哉。我们抵俄之初，年轻、识浅，怀有深恶北洋军阀、上海流氓帮会、洋奴买办、内陆军阀、土匪，互相为用，横行霸道，心情自然惨痛。我之未被共产邪说所迷者，好在初与毛泽东冲突，继而受蒋公的感召，否则一腔热血，难免不入迷阵。然而在俄还想到考茨基会议斗争之说，更喜读其《恐怖主义与共产主义》一书（有黄惠群译本，经胡秋原兄修订，中华杂志社有翻版）。英、美进修之后，始能略窥古代文化与国父、蒋公思想的门径，幸免堕于“赤祸”，深感学习三民主义非易事也。

留俄中山大学，对于中国影响不小，大陆不必论也。拉狄克之言，信不诬也。拉氏为苏俄开国五大元勋之一，擅长宣传，有“盘桓欧洲的怪物”之称，与列宁、托洛斯基、布哈林、齐姬林齐名，皆系有深度的知识分子。如果他们不被斯大林老粗（列宁喻其为重加辣椒的厨工，斯大林亦尊列宁为老鹰）整掉，也许中苏互相尊重独立，关系较有不同，七七事变，容或可以和缓。台湾之谷正纲、蒋经国两位学长，知之最深，关心最切。正纲兄在俄，为中大反共先锋，五十余年如一日，声嘶力竭，对世界反共联盟，已起领导功能。其在中国政坛地位，曾列蒋公之副（宪政研讨会）。经国兄早应执掌台湾行政，惜乎至少晚了十年。其今日之一切行政措施，誉满自由世界，已使敌人丧胆。固其天赋特厚，而其磨练更属可贵（见彼散文论丛），所谓天之将降大任于斯人也。我们在中大，他年龄最小（女生冯玉祥之女最小），不露锋芒，潜心读书，确有素养，乐观奋斗。在重庆我曾和他谈到名小说《彼得大帝》一书，他欣然，我只读过正史，他连小说一起熟读了。不必讳言，世界各国政治领袖，对苏俄问题及世界前途有研究者，恐怕无人能出其右。他的年龄正当有为，且不言既入虎穴，已得虎子，今日世界问题，即一苏俄问题，彼留俄曾经十二年。前几年，日本田中角荣组阁，我力疾出席立法院外交委员会，断言其危险，曾主张我们要替日本元老们对田中作“易子而教”。

希特勒、墨索里尼的反共，败于其盟友日本无耻、无知地为俄作伥，固不足论矣。自由世界的反共，固不能再如德、意之法西斯。即英国过去为大选要以“季诺维也夫的信”制工党的那一套，死无对证，而举世闻名的妙计，绝非出自锦囊，亦不足为训。尼克松亦休矣！我们反共，必须首先站稳脚跟，澄清混乱，自由世界的经济危机，最为眉急。苏俄对外的政治、社会倾覆，有第五纵队，经济、金融倾覆，有第六纵队。四十年来，从凯恩斯《就业通论》出版一九三六）算起，自由世界固有一时不健全之繁荣，而今更趋混乱，到了危亡之境。治经济学明乎马克思主义者，从其批评资本主义，必知自由经济的渊源。而今囿于凯恩斯者，自他作古，则多抛弃《原富》与《资本论》。剩余价值，在英国工党专政的积威之下，势将倒算。不明凯氏全义，只以通货膨胀政策鼓励浪费，以创造有效需求，伊于胡底？提高生活，总得维持生存。而今自由世界的黄金、石油价格，操于未开发国家之手，是为天谴，余呼吁已久。近年来归国学人，强调货币贬值，以求扩展外销，贩卖浮动汇率，以求价格的决定，均不为蒋“院长”接受，（如果接受，台湾已经大乱），稳定了台湾的经济绝非易事。建设台湾的张本，是他从五十年奋斗中积学而来。望其挽救经济学上人性的迷失，本中国经济思想的渊源，发扬光大，为世界经济打开一路康庄大道。台湾的小康局面，尚不能证明国民党留俄中山大学此一政策的远大也。事态紧急者，必须力求国际贸易的平衡发展（Banlanced growth），切不可各自为政地使用致命（Cut throat）竞争。例如：南韩货币贬值，极不利于我，我“政府”

绝未应工商业者尤其是经济学人之吁请，加以还击。然而彼自诩繁荣，发展大贸易商，其三星、大宇两公司，比拟日本之三菱、三井，而不知后果堪虞。南韩社会贫富日趋悬殊，有利于共党渗透，北韩虎视眈眈，一旦有事，自身团结，即不可恃，惟恐祸起萧墙。我们还击，可能南韩完了！台湾也完了！不仅日本不稳，美国亦危矣。谷正纲学长，主持世盟、亚盟，尽瘁未已，如能及早促成亚洲共同市场之类，则厥功更伟。留俄中山大学，曾与东方大学中国班合并，民国十八年第三期结束后，又与西方大学合并，演变为一所国际大学，在列宁山扩大规模，建筑华丽。十余年前，纽约时报已有报导，台北联合报曾翻译刊载。据政大王教授焕荣兄语我，他在台北美国新闻处参加夏威夷东西文化中心台北讲习会，亲闻某教授讲述，言及该中心系艾森豪威尔总统访俄，参观列宁山那一国际大学后的构想。同时艾森豪威尔的国民外交运动之念，亦起于此行，应视为反共大道。留俄中山大学，此一政策是世人重视之事。

（原载《传记文学》第三十卷第一、二、三期）

附录六、出身世家而爱惜羽毛的顾孟余先生

典型的世家子弟与爱国的读书人

顾先生是一位中国典型的世家子弟和爱国的读书人。我对他的治学、从政、为人，非常崇拜。记得“九一八”前后我与陶希圣兄同在上海教书时，他亦常谈到对顾先生的崇拜。北京发生“三一八”惨案后，顾先生同朱家骅先生都被通缉，他们于是南下广州。我第一次见顾先生是在民国十五年三月二十以后在广州。事缘民国十四年冬，我考取第一批留俄中山大学，又因事未能及时出国，留在国内有半年余，这期间党内发生许多不幸事情，此处不提。适胡展堂先生自俄返国，我们数位同学前去拜望，谈话甚多，他说：“关于马克思主义，我懂得少，顾孟余懂得多，你们应该前去请教，在赴俄之前，多一点基础的理论素养，总是好的。”我们以顾先生向少见人，恐不获接见，展堂先生说：“确是不错，不过没关系，我会关照他，你们三天以后再去看他好了。”

赴俄之前胡汉民先生介绍向顾先生请教

三天之后我们持胡先生的介绍便条依言前往，时顾先生住在中山大学的医学院里，取其清静与卫生。但见面之后，一时又无话可谈，坐在客厅里，面面相对，后来他先问我：“你为什么要到俄国去？你不是跟在蒋先生身边做事吗？不参加北伐，到俄国去干什么？”我回答说：“我父亲也反对我到俄国去，但是我和几个朋友商量，细加考虑，认为到俄国去看看，这是唯一的机会，以后恐怕就不会再有了。”他点点头。又问：“胡先生同你们谈了些什么呢？”我们就把胡先生的话引述一遍，他说：“我现在精神不好，不能同你们长谈。不过刚才你们所说，这是到俄国去看看的最后一个机会，既然如此，我赞成你们去。”这言外之意好像是说，否则你们就不必去了。他接着说：“今天不能跟你们长谈，不过可介绍你们看两本书：一本是《通俗马克思》(People’s Karl Marx)另一本是《列宁死后的俄国》(Russia Since Lenin Died)。”接着又稍提到他在社会科学集刊上所写的论文，谈话就此结束。

在上海易培基师家中再聆高论

其后我到上海。顾先生正在沪办《前进》杂志。一个偶然的机会，在我的老师易培基先生的家里又见过一次。顾先生同易老师两人是很好的朋友，“三一八”后同遭通缉。在座有一位我的同学、改组派的陈书农，自法回国，此人是易师的高足，顾先生也很喜欢他。他们谈得很风趣，我就坐在旁边静听。易先生对顾先生说：“我有一位亲戚长沙叶德辉，他给你看过相，说你是宰相之命而不做宰相。他看过另一人，说有帝王之相而不做皇帝，那是李石曾。”顾先生笑笑。接着谈到改组派，顾先生说：“我常说过，我反对有形的组织，一群狗，组织起来还是一群狗，不会变成老虎。如果是道义的结合与思想的相同，出自自然，才有力量。”发人深省。

主持中央大学同学无不敬服

顾先生当中央大学校长的时候，中大在重庆沙坪坝。当时大家推吴干（贞禽）兄当总务长，他不肯，大家勉强他，他提出一个条件，是要周鸿经（纶阁）来当训导长。要我去劝周。周兄是个数学家，自然不愿意担任训导的工作。最后他说扭我们不过，同时为了拥戴顾先生，也就接受了。南高、北大向有学术地位之争，顾先生来自北大，而中大同学无不敬服，所以顾先生辞中大校长之后，蒋公只好自兼校长，以示尊重。

有一次，中央大学、南开大学、重庆大学联合欢迎美国总统特使共和党领袖威尔基，宴会中本来应该由张伯苓先生致欢迎词，但是张先生不肯讲，一定要顾先生讲，顾先生的致词非常得体。次日威尔基到中大参观，在大礼堂发表演说，顾先生身着大礼服，亲自接待，礼貌周到，行止大方，极有分寸，使美国来客大为激赏。

顾先生坚辞中大校长的经过

顾先生做中大校长两年，就辞职了。这是国家一大损失。顾先生辞职的原因，是蒋公在复兴关中央训练团举行纪念周，并调集重庆各大学校长参加，公文上则是“训话”，顾先生不肯去，由训导长周鸿经代表。各校长站立受训学员的前排，蒋公训话对中大有所责备。其实顾先生如果在场，蒋公一定请顾先生在主席台上就座，这是蒋公对贤哲所行的惯例，也许对中大的责备，措词有所不同或不明说了。（蒋公劝顾先生就中大校长前，相约有事与他直接面商。）可怜的周纶阁兄，在由复兴关返沙坪坝的路上哭了，教务长童冠贤、法学院长马洗繁、总务长吴干乃至周的总角交郭廷以诸兄，都劝周不必向顾校长直率复命。但周一生未说谎话，又极伤感，忍不住直说了一些。顾先生一气之下，不顾数千学生在其住宅外守候两天呼吁之声泪俱下，以至蒋公两次亲往慰留，坚决地辞职了。否则胜利复元后顾先生追随蒋公，一同在南京，正如抗战前王亮畴先生在牯岭的追随蒋公，马歇尔九上庐山，亦必与顾先生接上头来。以后当不会有李宗仁的那一幕，以及香港的风风雨雨了。

顾先生忍受大学校长由特任降为简任

在中央大学，还有一件事使顾先生难堪，然而顾先生却忍受而不计较。原来国立大学校长是特任官，教育部此时已将之改为简任官。顾先生在党政和学术的地位崇高，向来都是做特任官级的部长，谁知做了大学校长反而被沦为简任，但是他忍受了这口气，他说："这样一来，我总对得起国家和蒋先生了。"

蒋公决定自兼校长的消息，当时我往中央党部开会，会前闲谈，由萧铮（青萍）兄道出，他还主张最好另由某公充任。未及散会，我即赶往李惟果兄家中，适彼在家，他尚不敢相信。我请他打听清楚后，以长途电话通知吴干、周鸿经两兄，因事前周怨我劝他干训导长，害得他太苦，并嘱我有消息即通知他，非我多事聊补我对周的歉然。顾先生与周兄均已作古，我与贞盦兄思之怆然。

坚辞行政院副院长不就

顾先生是有宰相之命而不做宰相的人。行宪后在南京，翁文灏做行政院长，原定顾先生为副院长，他不就。在上海我曾和吴贞盦兄还有另一位中大同事，去拜访顾先生，我问他和翁谁年长，他说："他大我一岁。"我们又说："既然如此，别的不论，先生为国服务，权宜一时，有何不可？"他说："又当别论。"只一再强调翁咏霓比他大一岁，其他支吾过去。如果顾先生那次肯就行政院副院长，翁院长干不下了，立法院必欣然同意顾先生接长行政院，大陆局面，必有所不同，中美关系，亦会早有好转。

蒋公曾邀顾先生任组织部长

蒋公与顾先生的私交，比之与胡适之、丁文江两先生为深，翁文灏虽谊属同乡，亦此不上顾先生。有人说：与蒋公私交最深，而始终没有不愉快的，首推张岳军先生。我们是否可说与蒋公间有不愉快，而私交全始全终者，当首推顾先生。民国十五年蒋公曾邀他当组织部长，顾先生不就，这并非他和汪兆铭有何私交的顾忌，完全由于顾先生自己的最怕繁剧，遂由蒋先生自兼。这事是后来在伦敦时李震东（寿雍）兄告诉我的，当时我尚在广州，亦略知一二，顾先生出任宣传部长，即是与蒋公合作的开始。顾先生若肯当组织部长，国民革命军北伐以后的党务，必能广结知识分子与青年，减少党内的分裂，局面必有所不同。然而顾先生，自有他的为人处世标准。我觉得，世家子弟，爱国家而不能忘情于政治，但是又爱惜羽毛，最怕繁剧，不甘迁就，这注定是爱国学人的悲剧。顾先生得有蒋公的知遇，死后哀荣，总算幸福的了。

中国政治人物鲍罗廷首推顾先生

还要补说者三点：一即民国十五年三月廿日以前，国民党联俄联共时期，俄顾问鲍罗廷几乎控制一切，声势十分嚣张，中央政治会议不在中央党部开会而在鲍的公馆开会。后来因为张静江先生及其他元老和反共同志的坚持，才改回来在中央党部开会。据由鲍公馆走私送到莫斯科中山大学的一位同学王志文告诉我，他当年是鲍罗廷的翻译，普通会议鲍罗廷有时到都不到，遇有重要的决策会议他才驾临会场，但对一般委员发言，鲍都视如未见，置若罔闻，不要翻译，只有遇顾先生、胡汉民和宋子文发言，鲍才要他翻译。由此可见鲍之气焰，一般委员都不在他的眼中，但对顾先生却极为重视。

其次，我自俄回国，政府已经“清共”，时鲍罗廷已返俄，阅伦敦泰晤士报，有一段丹麦驻俄大使在莫斯科和鲍罗廷之对话，问鲍在中国多年，中国政治上有哪些人物？鲍答：第一顾孟余，其次胡汉民，第三李石曾。从这段回答之中，可见顾先生在鲍罗廷心目中以及政治上的地位。

“从不逢迎，著名的懒人”

第三点，顾先生言态严肃，但绝非冷酷无情，且有慈祥和蔼之气。胜利后在上海另一次和他的谈话，是顾夫人邀我和他们一位亲信范姓立委便餐。饭后顾先生谈了一些轻松的往事，他忽然问我：“在中大两年，何以未和你见过面？”我说：“怕打扰先生。”顾先生说：“为人不要太自负，这是毛病，对人要随和些，对事要迁就些。”范兄说：“他从不逢迎，著名的懒人。”顾先生出声笑了，呼范之名曰：“你指桑骂槐吗？”说了又笑。接着提到易培基先生，又叹息起来。这可见顾先生的另一面。

（原载《传记文学》第二十九卷第一期）

附录七、湘轶名人易白沙与匡互生

世之名人，被轶其名、轶其事者，多矣。辛亥革命与五四运动，吾湘特出之士亦多，论者亦多。唯于辛亥之役的易白沙，五四运动的匡互生两氏，尤甚是来台后，几乎已不为人提及，兹就我之所知，略加追述。所取资料，关于易者，来自乃兄易培基先生《亡弟白沙事略》及章太炎先生《易白沙传》。关于匡者，来自上海、长沙等地追悼会纪念集，刘薰宇《匡互生先生年谱》，周宇同、朱自清等人哀挽，散见报章杂志的专文。以及我个人与这两位湘中名人所有接触的记忆，自然亦不能详尽。

（一）易氏生平

长沙易白沙先生，原名坤，字越村，因慕明大儒陈文恭白沙之为人，更名白沙。清光绪十二年生，幼通群经，长精诸子，为一现世奇才，且熟宋末遗民郑所南的《铁函心史》，明遗黄宗羲、王船山、顾炎武诸氏著作。与同盟会、南社首要均有深交，尤为孙中山先生所器重。辛亥革命，彼在安徽怀宁有壮举。

民初见袁世凯杀戮其同侪如宋教仁、陈英士等开国志士，违反共和种种罪行，竟至称帝，曾奔走南北，誓必灭袁，为袁所痛恨。袁贿之，更遭其鄙视，乃欲杀之，追索不已。易氏乃渡东瀛，遂与章士钊共襄《甲寅杂志》，改以政论弹劾袁氏不休，文名更大振于全国。袁殁，白沙先生返长沙，略事休息，为长沙县立师范与省立第一师范礼聘执教文史。目见北洋倒行逆施，心犹不能安，北上谋诛叛逆，皆不得逞。任天津南开大学教授，北洋忌甚，返上海，任复旦大学教授。

民国八年，易氏遄返长沙，愤于国事日非，更是心有忧伤，拟息影，闭户谢客，适逢五四运动，始接见学生领袖，参与指示，我曾往谒，见其原属皙白的面色，带有苍痕。民九，他复往北京、上海，稍事即归，意极消沉。曾僻居岳麓山，更少见故旧。十年夏，虽有孙中山先生两番函召，亦未遽往，忽又思动，径驰北京，谋刺徐世昌，未遂。乃至广州向孙先生报到，欲组敢死队，再往杀贼，孙先生嘱其切不可如此，并以"博爱"慰之。至友胡汉民、张继等元老，更劝其以文章报国，不必再三涉险。不料易氏乃于端午日夜半乘小轮赴陈村（陈白沙故乡）贻折纸扇与白草帽于坐位，纵身投海而殁，扇面书："如有救我者，余为厉鬼击之。"噩耗传广州，震悼十日。非常总统府下令搜海求尸，终无所得，仅取遗物，建亭树碑，葬于海滨，以昭永念。白沙先生弃世，年仅卅五，爱妻长沙名媛蒋保仁女士，早逝，且无嗣，不再娶。易氏固奇才，亦奇士也。

（二）易氏的忧伤

①辛亥之役安庆壮举——辛亥武昌起义，湖南首先响应，易白沙先生适在安庆任省立师范校长，游说皖中将领，继湖南而声援之。当时安徽巡抚朱家宝潜逃，新军与省防营及其他军队，彼此内讧，发生抢劫，地方安宁堪虞。易氏与绅耆商组青年学生军，自任军监，绥靖省垣。巡防营统领王某，一目失明，人称王瞎子者，原本起自盗魁，剽悍过人，竟白昼洗劫人民，且迫士绅之女为妾。易氏怒而向孙督都毓筠控诉，请召王议事，拟诛之，而督署部属惧王，莫敢为先。易氏乃亲率学生军击之，中王右臂，王以左手拔腰枪，射易未中，学生军击毙王瞎子，皖中父老，齐额手称庆，有曰："易军监之活我也。"

辛亥革命，易氏年仅廿有五，何能出长怀宁师范学堂？因其世称奇才也。易氏封翁，清末武官，驻节湖南直隶州永绥，白沙与乃兄培基两先生随侍攻读。该直隶州同知，为安徽怀宁吴传绮先生，见白沙有奇才，即延其出长永绥师范学堂，时彼年仅十六。旋以吴迁任永顺府知府，为忌投劾，还乡后，速函易氏主怀宁中学，继为师范学堂及旅皖湖南中学校长。彼虽年少，而貌宇嶷重，长方脸，皙白面，浓黑短髭，有威可畏，有仪可象。教导学生以诚、以信，身树楷模，学生不仅钦其所学渊博，更爱其性情豪侠。皖中耆宿，相与推重，引为忘年交，故辛亥怀宁平乱，易于成功。易成功，徐锡麟成仁，早年并称。

②毛泽东梭镖队的启示——易白沙先生在长沙教书，长沙师范的左舜生、田汉等人，是其从者。省立一师的毛泽东，亦属之。我在省立一师时，民五、六年，白沙先生教我班本国历史一学年。其言辞讽世嫉俗，时出名言。对历代帝王，不忌贤愚，皆有微言，其所著《帝王春秋》一书，当时具有腹稿。六年春，北洋省长傅良佐离湘时，长沙市内大乱，流氓地痞，四出抢劫，各学校停课，学生多已返家。一日易氏兄弟培基、白沙两教员，衣冠楚楚，越散兵游勇，关怀学校，前来看看。其时我们有志愿军一连，多数未离校。易氏兄弟见之，甚为嘉许，白沙先生乃持上课铃急摇之，召集我们讲话，详述辛亥革命他在安庆领导学生军的故事，听者奇之，欣然效尤。易师昆仲命我们先保卫学校（辛亥前一年，长沙饥民闹事，一师校舍全遭焚毁）。民初重军国民教育，我校有来复枪六十支，我们乃荷枪守卫。其实那六十支枪并无子弹，只供平日操课之用。流氓见之，报以微笑，反而惹起他们拟对我们一逞。到夜间，更紧急，大家集议，束手无策，唯毛泽东想到后山新竹，削尖后应用，

可以退流氓。此为后来毛在井岗山大用梭镖队的启示，则非易所计及。

有一假日，我和同学几人，游岳麓山归。在湘江之中的水陆洲，见毛泽东和英国领事馆华役争吵甚剧，只为采洲上的名种橘。毛且口称“打倒洋奴”，远见易氏两师走来，阻毛始息。培基老师责毛粗野，白沙师只微笑，但无鼓励之意。白沙师于诸子之书，较沉于墨，喜豪侠。毛泽东看“过激党”书刊，初由杨宣诚（朴园）老师处借到日文本，（当时不懂日文者亦可窥其大意）而与白沙老师谈论较多，白沙老师较近安那琪。毛泽东对名师不论何人，总必请益。毛之识章行严（士剑）先生，白沙师多有推介。湖南五四运动转为驱张（敬尧）运动，再转为罢学运动时期，毛常谒白沙井易师公馆，有时白沙先生也回家。有一次毛谈到罢学运动，我提异议，毛声色俱厉对我，培基老师阻之，白沙老师不语。培基老师原亦不言官者，以后走广东，白沙师之影响大，受毛泽东之牵累更甚，此一时期尤为关键。

③为何著《帝王春秋》——此书并非可作经典用者，但内容皆从经典引来，非深谙经典者，则不能为此。易氏幼即广读故国古籍，稍长通西方新知，若非国事忧劳，而不自戕，至少必为当代一大师宗，于国家政治改革，大有一番作为。民九蔡

元培先生伴美国杜威到长沙，假第一师范作学术讲演，我亲闻其有云："拟聘易白沙先生到北大主持中国哲学研究，他不接受。"易著《帝王春秋》，孙中山先生题签，内容分人祭、杀殉、弱民、媚外、虚伪、奢靡、愚暗、严刑、奖奸、多妻、多夫、悖逆，共十二篇，所言多以古昔明主贤君为例。我初读之，疑为不敬，细嚼其举证，又不能非难，其渊博，固不待论矣。全书十二篇，每篇结论，以寥寥数语，点到袁世凯的罪行。

我为白沙之如此以死，数十年来思之，再思之，造物忌才，并非迷信。天赋大才者，必思虑超越，情感过剩（彼与苏曼殊相投），不能自制，痛苦生焉，忧伤成疾矣。《帝王春秋》是易氏民初几次返湘排遣忧伤之作。彼之忧伤，事实证明，乃维护国家民主体制。其爱妻早逝，坚拒再娶，悼亡不能已，增益其痛苦，或亦不无关系。我曾以此敢问寅村老师（易培基教过我文字源流），彼黯然不答，但云"越村（白沙）之为国忧忿，决非有意仕途，先君焕章公生前为官，曾被冤狱，我与越村弟为文上诉，彼执笔，情、理、文章均佳，感人至深，先君始得免于罪。官场黑暗，他深恶之，不会转人"（不幸寅村老师后来为官，背上黑锅，几罹于罪）。白沙先生的夫人蒋保仁女士，出自吾湘世家，品貌学识两高超。长沙南门外蒋公馆，屋宇宏大，作为幼女师范校址，保仁女士生前任校长。我在湖南一师，曾多次到该校实习、参观，该校确有规模。蒋家兄弟姊妹颇多，留学日本、美国者皆有之。而且男清女秀（八妹为武汉大学皇后，众称蒋美人。来台的胡宗铎夫人，为其同学，每见面时必怀念那“蒋美人”，可见其一般）。白沙先生之永悼亡妻，良有由也，如彼不丧佳偶，而又能永年，则必另外一人，有功于国家、社会，颇难估计。兹所述者，不过其逸事，因其早逝，所以成湘轶名人。

（三）匡氏简介

易氏为忧伤致疾以死，匡氏为忧劳致疾以死，二人工作领域有异，而品德情操则同。匡氏光绪十七年生于邵阳，七岁从伯父开始读于私塾，颇有年所，多从名师。年仅十岁时，邵阳大旱，彼试割树皮和米而食，以济乡民，父母出钱，他竭其力，已见重于乡里，此一义举，影响其一生的价值观。十二岁见邑绅贺奎声民族革命失败，被清廷处死，慷慨就义，感佩殊深，遂立志革命。十六岁已谙习王船山学说，旋又痛乡先烈禹之谟殉难，革命思想愈坚。廿岁始赴长沙入邵阳中学预科（补习小学科学常识）。辛亥革命湖南首先响应，匡互生随教员石基攻巡抚卫门，破之，出任防守小西门。嗣考入学生军（毛泽东同考落第）。翌年已是民国元年，乃返校读学，汤芗铭督湘，滥杀革命党人。互生在校国文课业，作时事感言一文，痛诛汤芗铭，且因邵阳中学与禹之谟有关，汤屠忌之，构成文字狱。拘革命党人校长刘武（策成）下狱，定刑十年，国文教员李洞天，受极刑。匡以年幼，得人救，免于罪，惹此大祸，终生不安于心。民国三年，改名以成绩优异插班入岳云中学。该校数理课极严，民四毕业，考入北京高等师范数理部，喜天文。

匡氏在北京高师品学兼优，具领导的才能与热忱，组织团体颇多，故能在五四运动显出特殊贡献，实为罪魁、功首（详后）。民八，年已卅，北高师毕业，秋返长沙，受聘于革命先进陈润霖先生主持的私立楚怡学校小学部，任教员，兼国小教科书编纂，着重国语，注意宣传，我和他相识于此时。五四运动在长沙，扩充为驱张（敬尧）运动，进而为罢学运动，风潮特殊，匡亦参加。驱张事竣，匡任职于省立第一师范类似教务长。此一段时间，由衡阳马嘶巷与谭延闿、吴佩孚的秘谋，到长沙第一纱厂的罢工，两大风潮中，匡互生与毛泽东在行动上的先合作，后分手，在中国青年运动史上，占有地位。自此毛泽东参加中国共产党。匡则潜行上海立达学园的独创局面，被轶其名。匡固一畏知名者，如五四运动最先闯入赵家楼者为彼，彼在《五四运动纪实》，即自轶其名。又如国立劳动大学之设立，是他先设计再请李石曾、吴稚晖诸先生发起，自任筹备委员会秘书，筹备就绪即退出，坚辞劳大任何职务。诸如此类，繁多不具，匡氏凡事埋头地干，虔诚地干，苦心地干，因劳成疾致死。其人生价值，早已独具一格，从未享受，无待牺牲，享受牺牲，行之彻底，足式千秋。

匡氏原名济，欲匡世济民者。我们相遇时，他改名日休，号务逊。互生为其乳名，乃兄长敏生，次文生，出自耕读世家。

（四）匡氏的懿行

①五四运动与有力焉——戊戌政变到辛亥革命生长的中国青年，于经史子集，读私塾时已窥门径。国势日衰，除天生鄙俗、庸儒、或盲目自大者外，大都以救国为己任，置生死于度外。匡互生可为代表，少年已经熏陶，秉性刚毅，逢五四之冲击，革命情绪高长，蹈汤赴火，不能自抑。彼考入高师，年已廿五（当时非超龄）。欧战方酣，冯国璋为总统，对德宣战，与日本有密约，出卖国家，订军事协定，加入协商。民国七年，北京大专院校学生悉其内幕，联合请愿，推代表见冯，以高压退之。匡互生愤慨之极，商诸同学数同志，假习辩论，组织同言社。筹组大学生运动，结合坚实分子，领导群伦。彼等已习闻各国社会主义，倾向无政府派，多亲于匡者。匡更偏于虚无、暴动。民八，扩大同言社组织为健社，更有工学会之设，提倡工读互助，日趋急进。

五四事发之前，北高师有此种种，秘密行之，外间悉者甚少。匡等在五四之役，实为前驱。五月三日夜间，彼等召集秘密会议，原拟五七国耻纪念日举行大规模游行示威，初有争点，有的只主张一种普通游行，有的主张采取暴动，互生坚持暴动，恐有泄漏，提前三日，随即向各院校广为联络，颇有成效。并由某革命元老给与曹汝霖、章宗祥照片，且约代谋手枪未得，互生乃主张分带火柴和小罐煤油应用。五四下午各校学生在天安门集合，约有两三千人，示威游行队伍，经过总统府与外交部后，情形更趋紧张，有人疾呼，群趋赵家楼曹汝霖住宅。守卫者关闭大门，互生往厕边矮屋用拳头击破窗户，钻人之，再开大门，群众拥入。警卫拟开枪，互生幼时精习武术，搏之，并晓以大义。匡之从者，取出煤油、火柴，焚烧赵家楼（以后有“丘八怕丘九”之说），迄救火队赶到，宪兵开始捕人，互生要自首，同言社人挟走。周玄同悼互生文，有云“亲见其手上流血”，此一场“血”战，匡氏等人早有预谋，匡且立有遗书。当年全国报刊，多记载甚详；而今几被轶其事。五四前夕，北京大学亦有预备会议，则常为人言及。可巧的，那晚北大会议，主席实为湘人易克嶷，并非周知之某某有名人。匡互生首破赵家楼之门，亦被轶其事，且有记为另有其人者。北京大学固为领袖学校，五四运动北京高师则厥功甚伟，匡氏与有力焉。

②**与毛泽东的分野**——民八入秋，北京五四运动之焰已熄，长沙余火升高，转为驱张、罢学。此时易白沙先生间有指挥；匡互生参加，毛泽东是主谋，我为第一师范学生代表，与匡较接近。易氏对匡比毛较器重，固同倾墨子之说，而识匡之善良、诚恳有关。谈到“民报”“新民丛报”与“甲寅杂志”，君主立宪与民主共和，毛常出怪论，否认一切。罢学期间，我未返家过年，寄居船山中学，参加小学同学吴芳（后入共党，牺牲甚早）、袁同畴（现在台湾的国大代表）等开办的平民学校，与氏久有心于平民教育，间来参加，晚间另假教会礼拜堂，推广国语注音字母，我常去帮忙，船山学社有贺民范先生，匡常往谒，贺之子贺果（留法勤工俭学，好似未入共党），我一师同学，为匡好友，谈论问题时，贺先生邀我参加，匡亦欢迎。彼于巴枯宁、克鲁泡特金之说，颇具研究，比之毛谈马克思主义，深入多了。驱张运动，湘省各界一致行动，匡、毛合作，罢学匡无意见，我随贺先生反对，（二十年在立达学园不怕威胁不盲从全国学生罢课。）我已略知中和的社会民主主义，尚不敢明白表示。匡、毛合作，则于同趋偏激。罢学之后，张敬尧索毛，殃及易培基老师。易与驻衡阳的湘军总司令谭延闿有旧交，率众投之，安置在“马嘶巷”，该巷因此得名。匡、毛暗中来往长沙、衡阳之间，最后一次，匡怀手枪到长沙，谋刺张，适张先一步离长沙，否

则匡恐遭不幸，匡必视死如归。

民九驱张运动成功，谭延闿先生返湘主政。秋季开学，易培基先生出任第一师范校长，匡互生为教务长（我证得当时只是学监之一，专管教务，尚无教务长之设），聘无政府派（他们否认有党）沈仲九、夏丏尊等为教员，大事更张。毛泽东为小学部主事，扩大新民会组织，宣传马克思主义，匡、毛分道扬镳。毛主彻底破坏，匡主从根救起，其偏激则无二致。不久，长沙第一纺纱厂发生罢工风潮，毛泽东主使，实际指挥者为郭亮，演成惨案，无政府派甲种工业学生黄爱、庞人铨被杀。中国共党，已经成立，在第一师范组织外围马克思学会，主其事者，为夏曦、郭亮。无政府主义派也有发展，成立安那琪研究社，两相对立。该社可为中国反共、反毛团体的开创，主其事者，为短命诗人刘梦苇，原名刘国钧（民九冬我因故特别介绍于匡），嗣即匡、毛分野。接着因谭延闿久羁上海不返，又为第一纱厂风潮受毛牵累，易培基先生也得离湘。毛以纺纱厂罢工建功于共党，进入共党中央，匡离湘往浙江春晖中学任教。而湖南匡、毛两派斗争方酣，为全国瞩目的一场热闹。民国十三年夏，我返长沙母校参观，两派斗争犹未息止。匡、毛两大青年人物，同为湘人重视。匡、毛秉性固异，于诸子之说，匡守孔孟而兼于墨，毛学精于荀，但趋刑名法术。

③匡氏立达学园——匡氏离长沙甚早，与毛冲突固有关系，整个环境，不符其理想，原因最大。彼忿然往杭州、宜兴郊区创办“生社”，以生产合作试办新村，两地均为财务所困而罢。又在上海中国公学教书，闲居译书（译通俗天文学，未付梓），到达上虞春晖教书，均不能安定。十四年春与同志丰子恺等创办立达中学于上海市，秋在江湾租地建屋，增设高中部、艺术专门部与中国文学系，改名立达学园。最后增设农村教育科，提倡生产教育，扩大农场经营，一切皆惨淡经营，已具规模，正可蒸蒸日上，不料廿一年“一二八”之役，立达大部分被日军摧毁，继而力谋恢复，为校尽瘁，致罹肠癌。廿二年三月不治而殁，年仅四十有三，葬于立达农场。遗著有《五四运动纪实》（先入赵家楼自隐其名）、《立达学园农场概况》、《立达学园遭劫前后》、《立达师生避难经过》、《立达恢复经过》等，字字血泪，读者无不哀其事，敬其人。我与匡氏民十长沙别后，十六年冬再见于上海劳动大学（与立达学园毗连）。他邀我到立达学园作“留俄观感”的报告。常见面，谈到及其他种种，不时噙泪，于国事、世道尤其是人性，伤感尤多，每必忍住胸中之气，强以他的立达前途似锦自慰。在长沙，经常见他面色沉重，在上海，见他间有微笑。他胸有一团火，是他做事潜伏的力，他面上不论是沉重或微笑，都流露对人的爱。

在江湾我们共与谈话者，另有我同邑老大哥罗承鼎（喜闻）其人，彼与匡氏，同为吴稚晖先生最倚重者，一切思想、行为，几乎完全相同。罗幼即文名人振，（家贫，苦学，立大志有云：“不怕无立锥之地，只怕无可立之锥”，早为乡里传颂。）清末毕业于湖南省立第二师范（原称西路师范，前身为常德山书院），赴法勤工俭学人士，归来誓志还乡（华容），大事改革，有惊人之举，遭忌，几次险遭不测。抗战前，罗氏在故乡私立湖西中学，目的与立达学园同。故乡沦陷，出任中法大学训导长，由于稚老相强，非其所愿。罗、匡两氏生活形态，价值观念，比美稚老，谈论也极有内容，但不似稚老常以滑稽出之，做事也不采超然姿态。罗、匡言态谨严，行为蹈实。有一深夜，我们谈到“官僚”，西方的 Bureaucracy 在中国则非文官制度，而是一批人的做官集团，我改译作“官流”，他俩笑而纳之。我们认为“官僚”或“官场”，可算中国“文化”变态之一的结晶，根深蒂固，牢不可破，改革最难。罗大哥忽然想起我先父有云：“中国民主制度（当时称共和政体），必在民国百年始有成就可言，一批做官者厉害可怕，阻力太大。”匡氏拍案叫出：“所以我说立达运动，是千年大计，必得继起有人。”慨乎言之而散。罗、匡两氏同被人称“乡下人”（两位嫂夫人同为乡下原配），比之李石曾先生左右手李书华、萧瑜，真是“乡下人”，但同为吴、李一派中运筹帷幄者。蔡元培先生，对罗、匡、李、萧四君子，同样爱重，运用之妙，存乎一心。我见匡氏摩顶放踵以利立达，是其一生最快乐之时，“一二八”后，则心力俱瘁，大限已近。生前几次舍弃出国进修，殉身于立达，殉道于立达。如不早逝，必随稚老来台，深入农村，大有作为。

匡氏逝世后，据其在台后嗣的纪录，抗战前后，上海附近有互生农产运销合作社、互生农场。四川有互生书局。民国廿七、八年间，由名天文学者陈范予与蔡松坡先生之子蔡端、蔡永宁等筹设互生奖学基金于中央天文台。民国卅五、六年邵阳留德学生钟涛龙，将其全部遗产稻田数十顷捐作互生纪念农校基金。邵阳县人，一向重仰蔡松坡、匡互生为乡中先贤。卅七年假松坡祠先行开办互生小学，招收贫民学生二百人，完全免费，并筹办互生农校。如大陆不“沦陷”，匡氏遗志亦可发展。

（原载《传记文学》第四十三卷第五期）